Kauderwelsch
Band 99

Alles muss französisch sein

Impressum

Britta Scheunemann
Québécois Slang — Wort für Wort
erschienen im Reise Know-How Verlag Peter Rump GmbH
Osnabrücker Str. 79, D-33649 Bielefeld
info@reise-know-how.de

3. neu bearbeitete und verbesserte Auflage 2015

Bearbeitung & Layout Christine Schönfeld
Layout-Konzept Günter Pawlak, FaktorZwo! Bielefeld
Kartographie Iain Macneish, Thomas Buri
Fotos Britta Scheunemann, Stefan Bock,
S. 44: karlumbriaco, Fotolia.com
Titelfoto: Jean-Guy Lavoie, Tourisme Québec)
Druck und Bindung Werbedruck GmbH Horst Schreckhase, Spangenberg

ISBN: 978-3-8317-6448-8
Printed in Germany

Dieses Buch ist erhältlich in jeder Buchhandlung Deutschlands, Österreichs, der Schweiz und der Beneluxländer. Bitte informieren Sie Ihren Buchhändler über folgende Bezugsadressen:
BRD Prolit GmbH, Postfach 9, 35461 Fernwald (Annerod) sowie alle Barsortimente
Schweiz AVA-buch 2000, Postfach 27, CH-8910 Affoltern
Österreich Mohr Morawa Buchvertrieb GmbH, Sulzengasse 2, A-1230 Wien
Belgien & Niederlande Willems Adventure, www.willemsadventure.nl
direkt Wer im Buchhandel kein Glück hat, bekommt unsere Bücher zuzüglich Porto- und Verpackungskosten auch direkt über unseren Internet-Shop: www.reise-know-how.de

Der Verlag möchte die Reihe Kauderwelsch weiter ausbauen und sucht Autoren! Mehr Informationen finden Sie unter ***www.reise-know-how.de/verlag/mitarbeit***

REISE KNOW-HOW
im Internet
www.reise-know-how.de
info@reise-know-how.de

Für Smartphone-Benutzer

(QR-Code mit einer App scannen)

Weitere Infos:

Wer kein Smartphone hat,

kann sich auch direkt auf
unserer Webseite umsehen:

www.reise-know-how.de/kauderwelsch/099

Kauderwelsch

Britta Scheunemann

Québécois Slang

das Französisch Kanadas

Kauderwelsch-Slangführer sind anders!

Warum? Sie sind bestens mit der Landessprache vertraut und verstehen trotzdem nur die Hälfte, wenn Sie mit den Menschen vor Ort so richtig ins Gespräch kommen?

Gerade wenn Sie sich in der «Szene» bewegen oder Menschen in ihrem ganz normalen Alltag antreffen, wie auf der Straße ansprechen, mit ihnen ein Bier in der Kneipe trinken, ist deren Sprachgebrauch Meilen entfernt von der offiziell verwendeten Hochsprache in den Medien und den Bildungsinstituten.

Man bedient sich der lockeren Umgangssprache und vieler modischer Slangbegriffe, die oft nicht einmal die gesamte Bevölkerung versteht, sondern nur bestimmte Altersschichten, eingeschworene Szenemitglieder oder Randgruppen.

Die meisten Slangausdrücke haben eine kurze Lebensdauer und finden nie den Weg in das Lexikon. Slang ist vergänglich. Aber es bringt die nötige Würze in das sonst zu dröge daherkommende, in der Hochsprache geführte Gespräch.

Die wahre Vielfalt einer Sprache liegt in diesem lebendigen Mischmasch von Hochsprache, Umgangssprache und Slang. In diesem bunten Mix spiegeln sich Lebensart, Lebensgefühl und Lebensphilosophie der Menschen vor Ort.

Da die Umgangssprache eher gesprochen als geschrieben wird und es für deren Schreibweise keine festen Regeln gibt, werden Sie immer wieder auf unterschiedliche Schreibweisen der Slangworte stoßen, wenn Sie diese denn einmal geschrieben sehen.

Die AutorInnen werden Sie immer wieder zum Schmunzeln bringen und Ihnen gekonnt Mentalität und Lebensgefühl des jeweiligen Sprachraumes vermitteln. Es werden Wörter, Sätze und Ausdrücke des Alltags aus der Kneipe und dem Arbeitsleben, die Sprache der Szene und der Straße erklärt. Im Anhang sind diese in 1000 Stichworten geordnet, damit Sie die täglich gehörten Begriffe und Wendungen finden können, die bisher kaum in Wörterbüchern aufgeführt sind.

Inhalt

Im Gespräch

Anhang

Vorwort

Für ein knappes Viertel der rund 35 Millionen Kanadier ist nicht Englisch, sondern Französisch die Muttersprache. Dieses bringt weit mehr als nur einen Hauch gallischer Lebensfreude auf den nordamerikanischen Kontinent. Höchste Zeit also, sich einmal näher mit dem kanadischen Französisch zu beschäftigen!

Der vorliegende Band richtet sich an Kanada- und Québec-Interessierte, die bereits das Standardfranzösische einigermaßen beherrschen und sich nun auf ein ganz anderes Französisch vorbereiten möchten.

Vieles, was man so hört, ist auch ohne größere Anstrengungen zu verstehen: die Übersetzung von C'est bullshit. erübrigt sich, aber die Frage Où est ta blonde? (la blonde = frz. *la copine,* also «die Freundin») erfordert schon präziseres Wissen. Da allein in den Städten Montréal und Québec und ihrer Umgebung nahezu zwei Drittel der Bevölkerung der Provinz Québec leben, stammen die meisten Ausdrücke aus diesen Gebieten. In der wildromantischen Gaspésie oder am wunderschönen Lac St-Jean, um nur zwei Beispiele zu nennen, differiert nicht nur die Aussprache, sondern in einigen Bereichen auch das Vokabular. Als Trost am Rande sei vermerkt, dass auch die Montréalais, also die Einwohner Montréals, behaupten, die Menschen am Lac St-Jean nur schwer verstehen zu können ...

Vorwort

Bei allen Eigenheiten des Frankokanadischen sollte der Einfluss des Standardfranzösischen nie vergessen werden: An den Schulen wird französische Grammatik gelehrt, und die Menschen sehen beispielsweise US-amerikanische Filme in ihrer aus Frankreich stammenden Synchronisation. Das heißt, dass das standardfranzösische Vokabular und auch die umgangssprachlichen Ausdrücke Frankreichs durchaus bekannt sind.

Da das Québécois und das kanadische Alltags-Französisch eher gesprochen als geschrieben werden und es für deren Schreibung keine festen Standards gibt, wird man sehr wahrscheinlich immer wieder auf unterschiedliche Schreibweisen stoßen, was aber nicht weiter irritieren sollte. Auch mit den Verhältniswörtern à und de und den Artikeln nimmt man es mitunter nicht ganz so genau (z. B. le/la beigne = Donut, Teigkringel, oder la fève à/en palette = grüne Bohne). Dementsprechend groß ist auch die Toleranz Ausländern gegenüber, die sprachliche Fehler machen. Reicht in Frankreich oft eine einzige falsche Betonung, um dem Franzosen ein verständnisloses «hein» zu entlocken, so versteht der Frankokanadier meist noch bei den größten Schnitzern, was gemeint ist.

Ausspracheregeln, Redewendungen, typische Ausdrücke, Anglizismen und Hinweise auf charakteristische Besonderheiten des Frankokanadischen sollen ein rundes, einführendes Bild der Belle Province, die den Mittelpunkt Frankokanadas bildet, vermitteln. Ich habe versucht, in den vorliegenden Band möglichst Ausdrücke aufzunehmen, die in ganz Québec und Frankokanada bekannt sind.

À tantôt au Québec!
Britta Scheunemann

Hinweise zum Gebrauch

Die vorliegende Wort- und Phrasensammlung könnte man grob in zwei Teile gliedern: Es geht los mit typisch frankokanadischen Ausdrücken, die einem in bestimmten Situationen begegnen werden, z. B. beim Essengehen, im Straßenverkehr etc. Das sind nicht immer Slang-Ausdrücke.

Im zweiten Teil geht es dann um die echte Umgangssprache, die wiederum grob nach Situationen sortiert ist; Überschneidungen ließen sich aber nicht immer vermeiden. Zu diesem 2. Teil möchten wir anmerken: Wissenschaftlich gesehen ist Slang eine «Low-Level-Sprache», die von hauptsächlich von unteren sozialen Schichten gesprochen wird, da ihnen die «Hochsprache» nicht geläufig ist. Wir verstehen Slang anders, und zwar als die Sprache, die von Leuten im alltäglichen Leben gesprochen wird, wenn man nicht auf die Etikette achten muss. Da wimmelt es von «Spezialausdrücken» und «unfeinen» Wörtern. Gerade bei letzteren ist es nötig, genau zu differenzieren. Auch bei uns kann ja das Wort «Scheißkerl» je nach Situation und angesprochener Person mal durchaus freundlich, mal beleidigend sein. Auch werden sich zwei Männer an der Theke anderer Ausdrücke für Frauen bedienen als dann, wenn eine Vertreterin des anderen Geschlechts dabei zuhört.

Abwertende Bezeichnungen, Flüche und Beleidigungen sind sowieso nicht zum eigenen Gebrauch bestimmt, sondern lediglich zum Verstehen aufgeführt. Sie haben also nichts mit meiner Einstellung zu tun. Hierzu auch ein Zitat aus «Das Wörterbuch» von den Gebrüdern Grimm: «Ein Wörterbuch ist nicht dazu da, die Wörter zu verbergen, sondern um sie hervorzubringen.»

Natürlich lassen sich diese beiden Bereiche in den einzelnen Kapiteln nicht immer streng trennen. Aber auch an der deutschen Übersetzung lässt sich beispielsweise ablesen, dass das frankokanadische Wort toaster mit der Übersetzung «Rostlaube» (für ein «altes, nicht gut funktionierendes Auto») in diesem Zusammenhang umgangssprachlich ist. Ich habe also stets versucht, für die deutsche Übersetzung eine Formulierung oder Floskel zu finden, die der Sprachebene des frankokanadischen Originals am ehesten entspricht.

Trotzdem ist bei der Anwendung der umgangssprachlichen Ausdrücke Vorsicht geboten. Völlig vulgäre Ausdrücke sind mit * bzw. ** gekennzeichnet!

Bei vielen Ausdrücken erschien es mir darüber hinaus sinnvoll, auf das standardfranzösische Pendant (abgekürzt: «frz.») bzw. den englischen Ursprung (abgekürzt «engl.») hinzuweisen, wenn diese den französischen bzw. englischen Wörtern ähnlich sind.

Die englischen und französischen Entsprechungen erscheinen in schmaler Schrift, z. B. faire l' ordinaire (frz. faire la cuisine) = kochen.

Wenn hingegen wichtige und häufig gebrauchte Bezeichnungen oder Floskeln genauso wie im Französischen lauten und aus diesem Grunde hier aufgelistet sind, sind diese mit F gekennzeichnet.

Um die «Bilder» einzelner Bezeichnungen und Redewendungen zu verstehen, ist oftmals eine wörtliche Entsprechung in kursiver Schrift ergänzt, z. B. une barouette *(Schubkarre)* = eine alte Kiste (für ein Auto).

Durch einen Schrägstrich (/) voneinander getrennte Wörter kann man gegeneinander austauschen, z. B. la crème glacée / molle (Eis) = la crème glacée oder la crème molle.

Eigenschaftswörter sind nur in der männlichen Form aufgeführt, z. B. être démonté (die weibliche Form wäre démontée). Ausnahme sind vollständige Sätze, in denen die weibliche Form durch das persönliche Fürwort elle (sie) ausdrücklich genannt wird, z. B.

Il / elle est chanceux / -ceuse.
Er / sie hat Glück.

Akadische Bezeichnungen, also die Bezeichnungen der französischen Akadier (siehe Kapitel «Franko-Kanadisch»), die nicht von allen Französisch sprechenden Kanadiern verwendet werden, sind im Kapitel «Akadische Bezeichnungen» (siehe dort) zusammengefasst. Alle anderen Ausdrücke und Redewendungen sind typisch frankokanadisch!

Stichwort-Register

Im Anhang dieses Buches sind fast alle Begriffe, die in diesem Buch vorkommen, noch einmal stichwortartig und alphabetisch mit Seitenzahl aufgelistet. Möchte man z. B. wissen, auf welcher Seite die Redewendung avoir le cul sur la paille steht und übersetzt wird, kann man sie mit Hilfe der Stichwörter cul und paille im Register finden. Mehrere Seitenzahlen bedeuten, dass das betreffende Stichwort auf mehreren Seiten vorkommt.

Hinweise zum Gebrauch

Liebe Leser!

Cher lecteur, lors de la lecture de ce livre je vous prie de prendre note que les expressions y étant mentionnées sont indépendantes de mon point de vue personnel. Ceci vaut particulièrement pour les injures et les termes péjoratifs. Ce livre ne vise pas à encourager l'usage de telles expressions. Toutefois comme vous avez vraisemblablement l'occasion de les entendre (par exemple dans la rue et à la télévision) et qu'alors il vaut mieux comprendre ce que les gens disent, j'en ai fait mention. Ce recueil de vocabulaire ne se veut pas exhaustif.

Bei der Lektüre dieses Buches bitte ich, folgendes zu bedenken: Es ist selbstverständlich, dass die Ausdrücke in diesem Buch nichts mit meiner Einstellung zu tun haben. Das gilt besonders für Schimpfwörter und beleidigende Ausdrücke. Es liegt ausdrücklich nicht in meiner Absicht, dass aufgeführte diskriminierende Ausdrücke verwendet oder verbreitet werden. Ich habe sie aufgelistet, weil es sein kann, dass man ihnen begegnet (in Filmen, Büchern oder auf der Straße), und verstehen sollte man, was man hört.

Ich habe mir zwar alle Mühe gegeben, kann aber nicht behaupten, dass dieses Buch vollständig ist. Aber es ist aktuell. Nur solche Ausdrücke habe ich aufgenommen, die heute gebräuchlich sind.

Natürlich möchte ich dieses Buch erweitern, und vor allen Dingen soll es aktuell bleiben. Dafür brauche ich Eure Hilfe. Die Umgangssprache bringt täglich neue Ausdrücke hervor, dafür werden andere altmodisch. Teilt mir daher weitere Wörter und Redewendungen mit, die Ihr auf Eurer Reise durchs frankophone Kanada hört. Schreibt mir bitte auch, wo – also in welcher Region oder Provinz – Ihr sie gehört habt.

Für verwertete Ergänzungen zeigt sich der Verlag mit einem Freiexemplar der nächsten Auflage erkenntlich. Ihr erreicht mich über die Verlagsadresse.

Franko-Kanadisch

Kanada ist offiziell ein zweisprachiges Land: Französisch und Englisch gelten, zumindest theoretisch, als gleichberechtigt, auch wenn die Kenntnis des Französischen abnimmt, je weiter der Weg gen Westen geht. Doch ebenso standhaft wie ein gewisses kleines gallisches Dorf, das den Römern widersteht, wehrt sich die französischsprachige Ostküstenprovinz Québec gegen die Dominanz des Englischen. Und das mit zum Teil drastischen politischen Maßnahmen, z. B. mit der anfänglichen Weigerung, in beiden Weltkriegen frankokanadische Soldaten zu entsenden. Man wollte nicht kämpfen «pour défendre l' Empire britannique«.

Seit der britischen Eroberung 1759 bewahren sich die Québécois, also die Bewohner der Provinz Québec, und ihre Nachkommen trotz aller gesellschaftlichen Nachteile ihre Muttersprache. Noch im 20. Jahrhundert wurde dem Französisch-Sprecher in der Provinz Québec ein «Speak white, speak english!» entgegengeworfen.

Diese Demütigungen sitzen tief und prägen den frankophonen Teil Kanadas (auch in den anderen Provinzen gibt es französischsprachige Enklaven!) bis heute. Dazu gehört auch die bereits fast vergessene Vertreibung der französischsprachigen Akadier. Acadie (Akadien) ist die Bezeichnung für ein historisches Gebiet im nordöstlichen Nordamerika, in den

Die Demütigungen sitzen noch immer tief

Spätestens seit 1967, als der zu Besuch in Kanada weilende französische Staatspräsident De Gaulle die historischen Worte «Vive le Québec libre!» *ausrief, schwappt eine Welle der nationalen Besinnung durch Québec, deren extremer Teil immer wieder die Loslösung aus dem kanadischen Staat fordert.*

heutigen Provinzen Québec, Nova Scotia, New Brunswick und Maine (USA), das ab 1614 zwischen England und Frankreich umstritten war und mal unter die eine, mal unter die andere Verwaltung geriet. Nachdem im Frieden von Utrecht 1713 der größte Teil Nova Scotias an England fiel, versammelte der englische Gouverneur 1755 vor Ausbruch des Siebenjährigen Krieges alle französischsprachigen Einwohner, erklärte sie kurzerhand zu Gefangenen und ließ sie ausweisen bzw. deportieren. Ein großer Teil von ihnen wurde in Louisiana angesiedelt.

All das erklärt aber auch die für den Europäer rigiden und das Englische diskriminierenden Sprachgesetze Québecs, die die französische Einsprachigkeit propagieren: So darf selbst auf dem Verkehrsschild nicht mehr das englische stop auftauchen, sondern lediglich das französische arrêt. Und natürlich müssen bei zweisprachiger Werbung in Québec (einsprachig englisch ist untersagt), die Lettern des französischen Textes größer sein als die des englischen Textes.

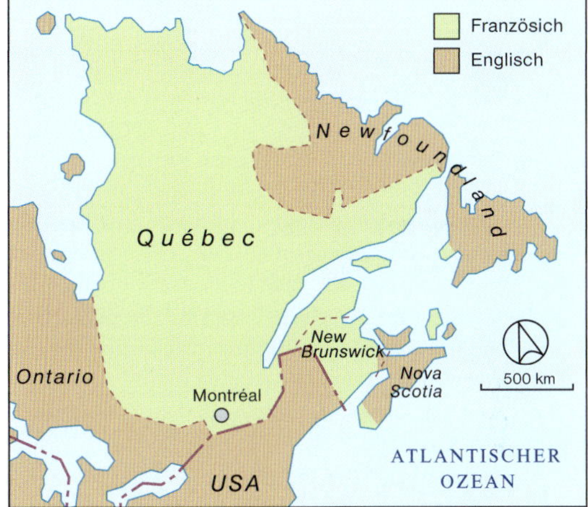

Am 24. Juni, dem nationalen Feiertag Québecs, St-Jean Baptiste, demonstrieren Jung und Alt das starke französische Selbstbewusstsein und schwenken stolz die blau-weiße Fahne Québecs mit der fleur de lys, der Bourbonenlilie.

Diskriminiert fühlt sich nun aber mittlerweile die englischsprachige Minderheit in Québec. Eine zunehmende gesellschaftliche Polarisierung wird spürbar, und natürlich haben die strengen Sprachgesetze auch wirtschaftliche Folgen gezeigt, da viele Betriebe ins benachbarte anglophone Ontario abgewandert sind und immer noch abwandern. Doch das sind innere Probleme, und europäische Einmischung wird nicht sehr gern gesehen – Zurückhaltung ist daher angebracht.

Fazit bleibt aber: Wer kein Französisch spricht, wird Québec nur halb genießen und wenig erfahren.

Aussprache

Die folgenden Hinweise sollen nur als Hilfen zum Verständnis des kanadischen Französisch verstanden werden. Abraten möchte ich unbedingt(!) davon, sich selbst an der Aussprache zu versuchen – vor allem im Umgang mit Frankokanadiern. Die könnten sonst nämlich glauben, man wollte sich über sie lustig machen. Wer sich länger im französischen Teil Kanadas aufhält, wird ohnehin und ganz unwillkürlich einiges übernehmen.

Alles muss französisch sein - und sei es der Artikel im Namen

Augenfälligstes Merkmal in der Aussprache ist die Einschiebung eines Zischlautes *«s»* oder *«z»* nach den Mitlauten t und d. Diese Laute *«tz»* und *«ds»* entstehen aber nur vor den Selbstlauten i und u! Aus dem französischen tu wird im Québécois *«tzü»*, aus der Zahl dix wird *«dsiß»*. Damit ähnelt die Zahl dix ungemein der six, was man bei Zahlenangaben stets im Kopf haben sollte. Und aus dem französischen Satz Qu'est-ce que tu dis? (Was sagst du?) entsteht dann lautlich ein *«Qu'est-ce que tzü dsi»?*

Moi, toi und roi werden im kanadischen Raum so ausgesprochen, wie es auch in Frankreich vor der Revolution üblich war. Und so wird der historische Satz Le roi c'est moi! (Der König, der bin ich!) in Québec immer noch gleichermaßen klassisch ausgesprochen: *«Le roä c'est moä»*. Wie offen der oi-Laut, also das *«ä»* ausgesprochen wird, hängt dabei vom Sprecher und seiner Herkunft ab. In Comics oder in der Werbung wird übrigens oft die Schreibweise moé, toé etc. gewählt.

Das a wird im Québécois meist wie ein geöffnetes «o» ausgesprochen, etwa wie in drôle oder aube. Das typische frankokanadische «ich» (moi-là) wird somit zum *«moä-lô»*. Moi, je te dis. (Ich sage dir.) klingt in Québec ungefähr wie *«Moä-lô, j'te dsi.»*, was schon etwas verwirrend klingen kann.

Das r wird stark mit der Zungenspitze gerollt, etwa so, wie man es auch aus Südfrankreich kennt, und zwar umso stärker, je weiter man in der Provinz Québec von Ost nach West gelangt.

Grundregeln für Québec-Traveller

Sprich französisch!!! Beginne damit bei der Einreise und wirf dem Einwanderungsbeamten bonjour und nicht *hi* entgegen! Für viele Québécois ist Englisch eine erlernte Fremdsprache – wirkliche, perfekte Zweisprachigkeit ist äußerst selten. Und man ist stolz, wenn auch Touristen das Französische dem Englischen vorziehen. Daraus folgt:

Für die Québécois sprechen übrigens die Franzosen comme s'ils avaient une patate chaude dans la bouche, *als wenn sie eine heiße Kartoffel im Mund hätten (kanadisch:* patate = *frz.* pomme de terre*).*

Sprich lieber schlecht französisch als gut englisch.

Lache nie über das kanadische Französisch bzw. das Québécois! Es ist anders als das Französische Frankreichs, die Aussprache orientiert sich zum Teil am vorrevolutionären Französisch und an altfranzösischen Wörtern. Lehnübersetzungen aus dem Englischen und Anglizismen machen es zu etwas ganz Eigenem mit viel Charme.

Sage nie, du verstündest das Québécois aufgrund seiner Aussprache nicht, sondern immer, dein Französisch wäre noch nicht so gut! Durch nichts beleidigst du einen Québecois mehr, als wenn du, weil du dessen Französisch nicht versteht, ins Englische wechselst (was den Frankokanadiern übrigens selbst in Frankreich passiert). Verwechsle nie Québec mit Kanada und hüte dich vor Aussagen wie Je passe mes vacances au Canada, wenn es doch korrekt heißt: Je passe mes vacances au Québec!

Für echte Québécois gibt es nur Québec und den RDC (reste du Canada)!

Unterschiede zum Französisch Frankreichs

Zunächst einmal fällt die **Aussprache** auf: Wer zum allerersten Male breitestes Québécois vernimmt, der wird sich erst einmal fragen, ob er denn nun Englisch oder Französisch hört. Ein gerolltes r, wie man es allenthalben aus Südfrankreich kennt, verändert die Worte bereits entscheidend, die eingefügten Zischlaute zwischen d und t (vgl. a. Kapitel «Aussprache»), das geschlossene a, das eher einem o ähnelt, die offene Aussprache der oi und ois-Laute (moi wird wie *«mwä»* oder *«moä»* ausgesprochen) – das alles erschwert rein akustisch gesehen das Verständnis ungemein. In der Rechtschreibung schlägt sich das aber zum Glück nicht nieder, so dass das Zeitungslesen keine Probleme bereiten wird.

Wer frankokanadischen Boden bzw. die Provinz Québec betritt, der hört es sofort: Das kanadische Französisch scheint Lichtjahre entfernt zu sein von dem Französisch, das man als Standardfranzösisch kennen gelernt hat, und schon so mancher Tourist ist verzweifelt an seinen Sprachkenntnissen. Doch letztendlich ist auch das Verstehen des kanadischen Französisch, wie so vieles andere, nur eine Frage des Trainings und Sich-Einhörens.

Problematischer wird es jedoch, wenn **typische Vokabeln** und Begriffe auftauchen, die im Standardfranzösischen gar nicht oder nicht mehr bekannt sind. Frankokanada war ja, nachdem es von Frankreich abgetreten worden war, fast vollkommen abgeschnitten vom ehemaligen Mutterland. Neuigkeiten – gerade sprachliche Neuigkeiten – leben aber nun einmal von ihrer schnellen und spontanen Verbreitung. Und so nahmen die französischsprachigen Provinzen immer erst mit Verspätung oder eben überhaupt nicht an den Veränderungen der französischen Sprache teil, erfuhren aber andererseits wieder, was naheliegt, starke Einflüsse durch die englische Sprache, auch wenn die Frankokanadier das gar nicht so gerne hören. Heute hat der frankokanadische Wortschatz folgende Besonderheiten:

Archaismen (altfranzösische Wörter)

Altfranzösische Wörter, die sogenannten Archaismen, sind im Standardfranzösischen durch neues Vokabular abgelöst worden. So sagen die Franzosen heute in der Regel pullover oder pull, während im Québécois fast ausschließlich von chandail gesprochen wird.

le char	*frz.* la voiture	das Auto
le chandail	*frz.* le pullover, le pull	Pullover, Shirt usw.
la chandelle	*frz.* la bougie	Kerze
jaser	*frz.* bavarder	quatschen, labern
s'en venir	*frz.* devenir	werden
les vidanges	*frz.* ordures	Abfälle
embarrer	*frz.* enfermer	einsperren
la parlure	*frz.* la manière de parler	Redeweise
cogner, toquer	*frz.* heurter, frapper	schlagen
tantôt	*frz.* bientôt	bald
les mitaines	*frz.* les gants	Handschuhe
boucaner	*frz.* fumer	rauchen
débarrer	*frz.* ouvrir	öffnen

Anglizismen

Gerade im Maschinen- und Autobereich sind die englischen Einflüsse, die Anglizismen, sehr deutlich. Sie haben aber auch ganz alltägliche französische Redewendungen und Begriffe ersetzt: kein au revoir, sondern bye oder bye-bye.

Bye-bye./ Bye.	*frz.* au revoir	Auf Wiedersehen.
Oakie dou.	*frz.* d'accord	Alles klar.
C'est fun.	*frz.* c'est drôle	Das ist lustig.
C'est cute.	*frz.* c'est joli	Wie hübsch!
la toune	*frz.* chanson, air *engl.* tune	Lied
le tip	*frz.* le pourboire	das Trinkgeld
la napkin	*frz.* la serviette	Serviette
le trimpe	*frz.* le voyou, l'ivrogne	Besoffener
le sink	*frz.* l'évier	Waschbecken
le chum	*frz.* le copain, le pote	Freund, Kumpel
le coat	*frz.* le manteau	der Mantel
la joke	*frz.* la blague	der Witz
le break	*frz.* la pause	Pause
splitter	*frz.* partager, séparer	teilen, trennen
avoir un flat	*frz.* avoir une crevaison	einen Platten haben
toffe	*frz.* dur *engl.* tough	hart

Unterschiede zum Französisch Frankreichs

Lehnübersetzungen aus dem Englischen

Neben der Verwendung englischer Wörter (Anglizismen) werden englische Wörter ins Französische übersetzt. Diese sind die sogenannten Lehnübersetzungen. So werden aus den *soft drinks* schließlich liqueurs douces.

engl. You are welcome!	**Bienvenue!**	Gern geschehen!
engl. Hot Dog	**le chien chaud**	Hot Dog
engl. soft drinks	**liqueurs douces** (*frz.* les boissons [sans alcool])	Limo, Cola usw.
engl shopping center	**le centre d'achat** (*frz.* centre commercial)	Einkaufszentrum
engl. cold cut platter	**assiette froide** (*frz.* assiette anglaise)	kalte Speisenplatte
engl. ice cream	**la crème glacée / la crème molle**	(Speise-)Eis (*frz.* la glace), aber:
	la glace	gefrorenes Wasser
engl. to shop	**magasiner**	einkaufen
engl. overtime	**le surtemps**	Überstunden
engl. mouth wash	**le rince-bouche** (*frz.* l'eau dentaire)	Mundwasser
engl. brandnew	**flambant neuf**	brandneu

eigenständige Bezeichnungen

pêche blanche
Eisfischen
moto-neige, ski-doo
Motorschlitten
érablière
Ahornpflanzung

Neue Wörter, zumeist für typisch kanadische Phänomene: Woher sollen die Franzosen, denen im Winter nie die Gewässer meterdick zufrieren, wissen, was pêche blanche ist? Und sie brauchen natürlich auch kein moto-neige oder ski-doo, um zu einer érablière zu fahren.

le bleuet	Blaubeere	*frz.* la myrtille
la bleuetière	Blaubeerfeld	
la bibitte	Insekt	*frz.* l'insecte
le dépanneur	Tante-Emma-Laden, der rund um die Uhr geöffnet hat	
l' orignal	Elch	*frz.* l'élan
la blonde	feste Freundin	*frz.* la copine
la molle	Bier	*frz.* la bière
frette, fret	kalt	*frz.* froid
la balayeuse	Staubsauger	*frz.* l'aspirateur
le coureur des bois	Waldläufer, eine Art Trapper	
la cabane à sucre	einfaches Restaurant, in dem zur Ahornsirup-Ernte im Frühjahr Ahornsirup-Spezialitäten angeboten werden	
le voyageur	jene legendären Gestalten, die zu Fuß und per Kanu für die Handelsgesellschaften unterwegs waren	*(eine Bezeichnung, die übrigens ins Englische übernommen wurde)*
le traversier	Fähre	*frz. / engl.* ferry

Wörter indianischer Herkunft

Indianisches Vokabular, das zum Teil auch Einfluss auf das Standardfranzösische hatte. Mitunter differieren jedoch französische und frankokanadische Schreibweise. So wird beispielsweise das kanadische canot in Frankreich zum *canoë*. Zumeist handelt es sich bei diesen indianischen Wörtern jedoch um Eigennamen.

Anmerkung	Ausdruck	Bedeutung
ein indianisches Fest	**le paoua / pow-wow**	Fete
eigentlich: Flussenge	**Québec**	(Eigenname)
eigentlich: Siedlung	**Canada**	(Eigenname)
	Abitibi	Name einer Region
	Gaspé, Chicoutimi, Magog	Städtenamen
ein kanadischer Fisch	**l' achigan**	Schwarzbasse
	l' ouananiche	eine Lachsart
	l' ouaouaron	Ochsenfrosch
	le canot	Kanadier-Kanu
	le ouapiti / wapiti	Wapiti, Rothirschart
	l' ouache	Höhle, Winterquartier
Indianerzelt	**le tépi / tipi**	Tipi
	le machecouèche	Waschbär

akadische Bezeichnungen

Das von den Akadiern geprägte Vokabular wird in erster Linie in den historischen Gebieten Akadiens verwendet, also in Nouvelle-Écosse / Nova Scotia, Nouveau-Brunswick / New Brunswick *und in einigen Gebieten Québecs, wie den Iles de la-Madeleine, an der* Côte Nord *und im Süden der* Gaspésie.

Im akadischen Bereich trifft man mitunter auf andere Verbbeugungen (Konjugationen), die zumeist regelmäßiger sind als die heutigen Beugungsformen des Standardfranzösischen.

So lautet z. B. die akadische Form des subjonctif (Konjunktiv) des Verbs savoir «que je save», während das Standardfranzösische *«que je sache»* vorschreibt.

Auch die Vergangenheitsformen der meisten Verben auf -ir werden regelmäßig gebildet, also «j'ai ouvri» (ich habe geöffnet) und «il a mouri» (er ist gestorben) statt *«j'ai ouvert»* und *«il est mort»* (Standardfranzösisch).

Unterschiede zum Französisch Frankreichs

In der **Aussprache** sind insbesondere die vielen «tsch»-Laute auffällig. So werden die französischen Lautfolgen «cœu», «cu», «que» und «qu» zu *«tcheu», «tchu»* und *«tch»:* le cœur (das Herz) klingt akadisch wie *«le tcheur»,* Québec klingt wie *«Tchébec»,* aus la cuisse (der Schenkel) wird *la tchuisse,* was übrigens der französischen Hofsprache des 16. Jahrhunderts entspricht. «Ti», «tié» und «tier» wird zu *«tchi»* und *«tché».* Also *«le tchère»* statt le tiers (das Drittel) und *«la pitché»* statt la pitié (Mitleid). Und aus tiens (schau mal) wird dann *«tchin».* Chez (bei) scheint übrigens gänzlich unbekannt zu sein. Statt dessen taucht ein *«çu»* oder *«chuz»* auf.

Aber keine Angst, das richtige Akadisch ist in der Regel nur bei älteren Sprechern zu hören; die jüngere Generation hat sich dem allgemeinen Sprachgebrauch angepasst. Anbei also eine nur kleine Auswahl akadischen Vokabulars.

l' aïde / ayide	Hilfe
amounetter	*(ein Kind)* beruhigen
le bonhomme cavèche	Murmeltier
la bourgaille	akadische Fischersmahlzeit
brocher	stricken
le burgau / borgot	Hupe
être cagou	traurig sein
le galopeur de femmes	Weiberheld
la cambuse	Fisch-Kartoffel-Gericht
la gorlèze	leichtes Mädchen, Nutte
la chacote	der Streit
chacoter	streiten
le machecouèche	Waschbär

frz. l'aide

Für la bourgaille *werden kleine Schweinefleischstückchen in Melasse gekocht.*

gorlèze *ist aber auch ein Kosewort:* ma petite gorlèze.

	la cravate	Gesichtsschutz, Schal, der bis an die Nase hochgezogen wird
	le madouesse	Igel
	le margout, le margot	Basstölpel
frz. chez	**çu, chuz**	bei
frz. le toit	**le tet**	Dach

Avec tes yeux pretty face ...

Sprachmix

Obwohl viele Frankokanadier nicht zweisprachig sind, verfügen sie doch über ein sehr großes englisches Vokabular. Sollte man also mit seinen Französisch-Kenntnissen tatsächlich einmal nicht mehr weiter wissen, so kann man ruhig versuchen, einfach das entsprechende englische Wort in den Satz einzubauen und auf die Reaktion des Gegenübers zu warten.

Avec tes yeux pretty face – so lautet der Titel eines Liedes des äußerst beliebten Sängers Roch Voisine, der damit auf eine Besonderheit des kanadischen Französisch verweist, und zwar auf die in der Alltagssprache sehr unbekümmerte Übernahme englischer Vokabeln und Ausdrücke.

Die sprachlichen Bemühungen gehen zwar eigentlich dahin, Frankokanada rein französisch zu erhalten und jedes franglais (also den Sprachmix zwischen Französisch und Englisch) zu vermeiden, aber natürlich funktioniert das nicht so, wie man es sich theoretisch vorstellt.

Anyway, l'important c'est, qu'on a du fun!!!

Ver- & Abkürzungen

In Frankokanada wird man immer wieder auf alle möglichen und unmöglichen Abkürzungen stoßen. Aus diesem Grund eine kleine Liste mit den gängigsten Kürzeln.

B.S. (Bien-être social) die Sozialhilfe

CAA (Canadian Automobile Association)
der kanadische Automobilclub

CEGEP (Collège d'enseignement général et professionnel) Allgemeinbildende Schule

CRSSS *«CR trois S»* (centre régional de santé et de service social) zuständige Behörde für Kranken- und Rentenversicherung

le nip (numéro d'identification personnel)
Geheimnummer, z. B. für Bankkarten (PIN)

PVA (Parcours à vitesse accélérée)
spezielle Autobuslinie; der Bus hält nur an einigen Haltestellen

REER (Régime enregistré d'épargne-retraite)
eine steuerlich geförderte private Altersvorsorge

la super Lotterielos von Super-Loto

TPS (Taxe sur les produits et les services)
Bundessteuer, 8%, wird auf jeden Preis draufgeschlagen

RDC (le reste du canada)
der Rest Canadas

RDM (le reste du monde)
der Rest der Welt

(TPS und TVQ zusammen ergeben etwas über15%. Ausgenommen davon sind ärztliche Leistungen, Medikamente usw.)

TVQ (Taxe du ventes du Québec)
Provinzsteuer von mittlerweile 7,5%, die auf jeden Preis und die TPS draufgeschlagen wird. Selbst für die Briefmarke zahlt man also mehr als draufsteht!

UdM (Université de Montréal)
Universität von Montréal

UQUAM (Université du Québec à Montréal)
Québec-Universität in Montréal

WASP (White anglo saxon protestant)
abwertende Bezeichnung für die englischsprachige Bourgeoisie Montréals

Schilderwald an den Quadwegen

ZAC (zone d'aménagement contrôlé et de conservation des ressources fauniques)
Naturschutzgebiet
ZEC (zone à exploitation contrôlée)
zum Jagen und Fischen freigegebenes Gebiet, das «gemietet» werden kann

Die wichtigsten politischen Kürzel sind:

BQ (le Bloc Québécois)
tritt für die Sezession Québecs ein
FLQ (Front de Libération du Québec)
Untergrundorganisation, die 1970 mit der Entführung des britischen Handelsattachés und dem Mord an Minister Pierre Laporte die crise d'octobre heraufbeschwor. Der Ausnahmezustand wurde ausgerufen und die Armee zu Hilfe geholt, um das Ausbrechen eines Aufstandes in Montréal zu verhindern.
PC (Parti Conservateur) die Konservativen
PQ (Parti Québécois) geprägt durch René Lévesque und Jean Parizeau; tritt für die Souveranität Québecs bei gleichzeitiger Wirtschafts- und Währungsunion mit Kanada ein; eine der stärksten Parteien im kanadischen Parlament in Ottawa. Ihre Anhänger heißen les péquistes.
PL (Parti Libéral)
die Liberalen, die wahlweise mit einem «C» für «Canada» oder einem «Q» für «Québec» am Namensende auftauchen.

Avec tes yeux pretty face ...

Auffällig im kanadischen Französisch sind sprachliche Verkürzungen, denen seltsamerweise andere Wörter gegenüberstehen, die durch das Einfügen von Silben verlängert worden sind. Hier ein paar Beispiele:

frz. à cette heure	**astheure**	jetzt
frz. le berceau	**le ber**	Wiege
frz. pas du tout	**pantoute**	ganz und gar nicht
frz. la brouette	**la barouette**	Schubkarre

Typisches, fast überall und täglich zu hören

frz. tu sais	**tsé**	weißt du, ne
frz. ici	**icitte**	hier
	Ca se peut-ty?!	Ist das denn die Möglichkeit?!
frz. hein	**... eh** *(am Satzende)*	..., ne?
frz. comme ça	**de même**	so
frz. parce que	**à cause que**	weil
	z. B. c'est à cause que j'ai faim	

Häufig zu hören sind auch die – grammatikalisch falschen, aber de facto beliebten – Redundanzen. Das sind Verdopplungen nach dem Motto: Doppelt hält einfach besser.

c'est plus mieux *statt* c'est mieux	das ist besser
c'est plus pire *statt* c'est pire	das ist schlechter
il n'y a pas personne *statt* il n'y a personne	es ist niemand da

Einige englische Ausdrücke werden einfach wie französische Wörter geschrieben und ausgesprochen, z. B. tanker (tanken), caller (rufen), splitter (teilen, trennen), le thipot (Teekanne), wobei über die Schreibweise nicht immer Einigkeit besteht. Andere werden einfach aus dem Englischen übernommen und in die französischen Sätze eingebaut:

C'est too much.	Das ist zu viel.
le bon stuff	gute Ware
le beau suit	schöner Anzug
être slow bine	sehr langsam sein

Poulet frit à la Kentucky

Das Land und die Leute

Das Land

Wie man sieht, geht Frankokanada über die Grenzen der Provinz Québec hinaus, doch da diese Provinz am konsequentesten «französisch» ist, steht sie sprachlich und politisch im Mittelpunkt des Interesses aller übrigen Frankokanadier, deren Interessen sie teilweise mit vertritt.

L' Acadie
Akadien, Name der ehemaligen französischen Besitzungen südöstlich der Mündung des St-Lorenz-Stromes in den heutigen Provinzen Québec, Nouvelle-Écosse / Nova Scotia, Nouveau-Brunswick / New Brunswick und Maine. Die französischen Siedler wurden 1755 ausgewiesen. Ein großer Teil siedelte sich in Louisiana an.

la Belle Province
Québec. Stand früher als Wahlspruch auf den Nummernschildern der Autos in Québec, bis zur Ablösung durch «Je me souviens» («ich erinnere mich»), das an die militärische Niederlage gegen England, die den Verlust Neufrankreichs an England zur Folge hatte, erinnern will.

Le Canada français
allgemeiner Ausdruck für die frankophonen Teile Kanadas

Le Labrador
Halbinsel im Osten Kanadas, seit 1912 zum größten Teil zu Québec gehörend, mit eigenem französischen Bewusstsein innerhalb der Mutterprovinz.
Die anglophonen Kanadier verstehen unter Labrador meist nur den kleineren zu Neufundland gehörenden Teil der Halbinsel.

Le Nouveau-Québec
der zu Québec gehörende Teil Labradors

Le Nouveau-Brunswick
französischer Name für die Provinz New Brunswick, in der noch Nachkommen der Akadier leben

La Nouvelle-Écosse
französischer Name für die Provinz Nova Scotia, in der noch Nachkommen der Akadier leben

L' Ontario, le Manitoba, la Saskatchewan, la Colombie-Britannique
besitzen ebenfalls mehrere frankophone Enklaven

Terre-Neuve
Neufundland, besitzt ebenfalls akadische Enklaven

Le Québec
Provinz Québec (von Algonquin: kebec = Flussenge)

Québec
Hauptstadt der gleichnamigen Provinz

Sprachlich und historisch ist es für die knapp 6,5 Millionen Frankokanadier, von denen 80% in der Provinz Québec leben, wichtig, woher man kommt. Ist man Acadien, Montréalais, *oder kommt man aus* Labrador *oder* Gaspésie? *Im Schmelztiegel Montréal trifft sich zwar arbeitsbedingt fast jeder mit jedem, aber keiner vergisst, woher er kommt, und der spärliche Urlaub wird oft für Familientreffen im Heimatort genutzt.*

Die Leute

l' acadien / l' acadienne
Nachfahre / in jener legendären Akadier, ob nun französischsprachig oder nicht. 1994 fand erstmals ein weltweites Treffen aller Akadier statt.

les allophones
diejenigen Kanadier, deren Muttersprache weder Französisch noch Englisch ist

les anglophones
die englischsprachigen Einwohner

les bleuets grandeur nature
Spitzname der Einwohner der Blaubeerregion Saguenay / Lac St-Jean

les Chiaques
Spitzname der Akadier

l' ethnie
Einwanderer

les francophones
die französischsprachigen Einwohner

les grenouilles
Übersetzung des englischen Spottnamens *frogs* für die Frankokanadier, mittlerweile auch liebevolle Selbstbezeichnung

les Indiens / autochtones
die Ureinwohner, immer noch recht unbeliebt (les sauvages = die Wilden)

les Inuits
die im Norden lebenden Inuit, die seit 1999 ihr Territorium Nunavut selbst verwalten

les Haïtiens	die eingewanderten Haitianer, die aufgrund ihrer Sprache bevorzugt in Québec immigrieren dürfen
le Québécois / la Québécoise	grundsätzlich jeder französischsprachige Bewohner Québecs
les Québécois pure laine	«echte» Québécois, Nachkommen alteingesessener Familien bzw. der frühen Siedler
les têtes carrées	Spottname für die anglophonen Kanadier
le wop	italienischer Kanadier

Richtige Spottnamen gibt es nur wenige für die Einwohner bzw. für die ethnischen Minderheiten, entscheidend ist vielmehr die sprachliche Zugehörigkeit, anglophone *oder* francophone.

Zwar sind viele Viertel einer Stadt, wie beispielsweise Montréal, der Metropole Québecs, durch die Ethnien geprägt, doch selbst die italienischen Einwohner schwenken am St-Jean Baptiste die Fahne Québecs, denn:

«Québécois,
nous sommes Québécois,
parlant le même langage
d'amour et de partage»

– so drückt es das Nationallied Québecs aus.

Die Nachkommen jener französischen Siedler, die dieses Land errichtet haben, nehmen jeden neuen Einwanderer und Touristen mit offenen Armen und einem accueil chaleureux *(warmherzigen Empfang) auf – vorausgesetzt, er oder sie spricht Französisch.*

Toé, moé, vous et nous autres
Miteinander und Selbstverständnis

In Frankokanada wird geduzt, was das Zeug hält. Ob das ein Erbe aus der harten Siedlerzeit ist, wo jeder auf jeden angewiesen war oder einfach die Übernahme des englischen you, weiß niemand so genau.

Lediglich in der Bitte hat sich das s'il vous plaît rigoros durchgesetzt. Auch wenn man seinen Gesprächspartner duzt, sagt man s'il vous plaît und nicht das an dieser Stelle im Französischen übliche s'il te plaît.

Einige Puristen sehen zwar in der Duzerei den Anfang vom Ende der französischen Sprache, doch das kümmert die Leute wenig. Wir wurden selbst vom Anlageberater in der Bank, von Ärzten und im Restaurant geduzt ...

Man beachte übrigens die Aussprache: tu wird mit dem typischen dem t folgenden Zischlaut ausgesprochen, also *«tsü»*, und die betonten Formen moi und toi in ihrer altfranzösischen Form ausgesprochen, also *«moé»* und *«toé»* (siehe auch Kapitel «Aussprache»). Wer die Person noch genauer betonen will, fügt das gängige là an, also *«moé-là, toé-là»*. Hier ist natürlich auf das geschlossene a zu achten. Der echte Québécois bringt es dabei noch fertig, das là nahezu unauffällig zu verdoppeln: *«toé-lô-lô»*.

Überhaupt handelt es sich bei dem demonstrativen là um eine Art universales Anhängsel, das an nahezu jedes Haupt oder Fürwort angehängt werden kann.

«Wir» und «ihr» sind nicht einfach nur nous und vous, sondern nous autres und vous autres.

Die kanadische Fahne und die Fahne Québecs wehen nicht immer so friedlich nebeneinander

Damit werden einfach die Unterschiede betont: zwischen Freunden, Familien, Geschlechtern, Nationen je nach Zusammenhang. Und da man auch sich selbst immer in einem größeren Zusammenhang sieht, wird «bei mir (zu Hause)» folglich nicht mit *chez moi* übersetzt, sondern mit chez nous (bei uns), ebenso wie «bei dir (zu Hause)» chez vous «bei euch» heißt.

Sollte tatsächlich einmal nicht geduzt werden, so kombiniert man häufig den Vornamen mit vous. Die förmliche Anrede Madame X oder Monsieur X ist recht selten, aber das Gespür für die richtige Anrede am richtigen Ort wird man schon selbst entwickeln. Am besten erst einmal abwarten, wie man selber angesprochen wird.

Pouces, pieds et livres
Mengenangaben und Maße

Das kanadische Französisch kennt ein verwirrendes Mischmasch aus allen möglichen Mengen- und Maßangaben. Trotz offizieller Einführung des metrischen Systems wird man selten auf Leute treffen, die einem sagen, wie groß sie in Metern und Zentimetern sind und wie viele Kilos sie wiegen. Und auch das Kochen und Backen nach kanadischen Rezepten kann zu großen Überraschungen führen. Ein Trost am Rande sind die offiziellen Entfernungsangaben und die Tachometer ...

le pouce *(Abk.* po*)*
un pied *(=12 pouces)*

la ligne 1,587 mm	**le minot** 15,4 kg
le pouce 2,54 cm	**la roquille** 0,142 l
le pied 30,48 cm	**le demiard** 0,284 l
la verge 0,914 m	**la chopine** 0,568 l
la perche 5,029 m	**la pinte / le quart** 1,136 l
le mille 1,609 km	**le pot** 2,272 l
une once 28,349 g	**le gallon américain** 3,785 l
le quarteron 0,113 kg	**le gallon canadien** 4,545 l
la livre 453 g *(abgekürzt* **lb***)*	**le gallon impérial** *(«engl. Gallone»)*

Sein Körpergewicht gibt man noch fast immer in livres *an!*

Angenommen, man ist 1,71 m groß und wiegt 60 kg, so wären das dann also: 5 pieds, 7 pouces und 132,3 livres.

La nature

Natur, Tiere, Freizeit

Kanada und auch Québec – das ist Natur pur. Die Liste der Schandtaten, die an diesem natürlichen Reichtum begangen worden sind und immer noch begangen werden, ist zwar lang; doch noch immer erscheint dieses riesige Land außerhalb seiner Städte nahezu unberührt. Und die Kanadier begeben sich selbst mit ungebrochener Begeisterung an fast jedem Wochenende aufs Land und in die Nationalparks.

Wer wandern will wie in den Rocky Mountains, den montagnes Rocheuses, der ist in Québec allerdings fehl am Platz – vom Laufen hält man nicht allzu viel. Dafür ist Kanufahren angesagt, und damit verbunden natürlich auch Angeln. Hierzu benötigt allerdings jeder eine permis de pêche (Angelerlaubnis), die für den non-résident in Québec, d. h. für alle Nicht-Québécois, ungefähr viermal so teuer ist wie für die Einheimischen. In den Nationalparks kommt noch der zusätzliche Erwerb einer Tageserlaubnis hinzu, so dass das Angelvergnügen recht teuer werden kann, insbesondere für Kanuten, die lediglich ihr Abendessen fangen wollen. In der Regel ist es auch nicht erlaubt, mehr als 10 Fische pro Art an Land zu bringen. Für den Lachsfang benötigt man eine Sondergenehmigung.

Für die Jäger sieht es ähnlich aus; auch sie benötigen eine permis de chasse *(Jagderlaubnis), die in den meisten Sportgeschäften verkauft wird. Die Bärenjagd allerdings ist für Ausländer nur eingeschränkt möglich, und das Jagen jenseits des 54. Breitengrades gänzlich verboten.*

rund um die Natur

le lumberjack	Wald-, Forstarbeiter
le bûcheur	Holzfäller
la boucannerie	kleine Räucherhütte
la cabane[F]	Hütte, Blockhaus
s'encabaner	sich einigeln
l' épinette	Fichte, Rottanne
le bois blanc	amerikanische Linde
l' érable	Ahornbaum
le sirop d'érable	Ahornsirup
l' érablière	Ahornplantage
la gomme	Harz
les herbages	Heilkräuter und-pflanzen
le bois franc	Holz von Laubbäumen
la ralle	dicker Ast
le corps mort	Baumstümpfe
écosser, (d)essoucher	Ausgraben der Baumstümpfe
éfardocher	Gestrüpp / Dickicht entfernen
faire le bûchage	Holz schlagen
bûcher	fällen
gosser du bois	holzschnitzen
pister un chemin	(Wald-)Weg anlegen
tanner	gerben
la souampe (swamp)	Sumpf
souampeux	sumpfig
le désert	gerodetes Waldstück
l' abatis	abgeholztes Waldstück, bei dem das Ausheben und Ausgraben der Baumstümpfe noch nicht erfolgt ist
les pitounes	Baumstämme, die in bestimmte Längen gesägt wurden, zumeist als Vorbereitung zum Transport auf dem Wasser

la digue[F]	Damm	
la drave	Flößerei	
le train de bois	Floß aus zusammengebundenen Baumstämmen	
le canot	Kanu	*frz.* le canoë
la rame	Paddel, Ruder	*frz.* l'aviron
ramer	paddeln, rudern	
défricher	roden	*frz.* déboiser

Insekten

Wer aufmerksam durch die Natur streift, wird viele Tiere sehen und hören. Zunächst einmal die kleinen Quälgeister:

la bibitte	jede Art von Insekt	*frz.* la bebête
le maringouin	Mücke	
la mouche noire	eine Mückenart	*engl.* black fly
le brûlot	kleine, schwarze, beißende Mücke	
la coquerelle	Schabe	*frz.* la blatte
le criquet	Grille	*frz.* le grillon
la mouche à feu	Glühwürmchen	*Feuerfliege*
la sauterelle	Heuschrecke	*frz.* le criquet
la mouche à chevreuil, la mouche à orignal	Bremsenart, deren Biss nur kurzzeitig sehr stark schmerzt	

Diesen kann man allerdings zu Leibe rücken:

effoirer la bibitte
Insekten plattmachen

Foto: © karlumbriaco - Fotolia.com

der Eistaucher (huard) ist *der* Vogel Québecs und Kanadas schlechthin und auch auf den Münzen abgebildet

andere Tiere

la bête puante	amerikan. Stinktier
la mouffette	Stinktier
un huard	Eistaucher
le blanchon / blafard	Robbe
une outarde, la bernache du Canada	Kanadagans
le buck (engl. buck)	Elchbulle
la perdrix F	Rebhuhn
le buffalo, le bison F	Büffel, Bison
le caribou F	Karibu
le malemute	Schlittenhund
la mère-orignal	Elchkuh
l' orignal	Elch
une ouache	Bärenhöhle, Winterquartier
le ouapiti	Wapiti-Hirsch
l' ours F	Bär
l'ours noir	Schwarzbär
le raton laveur, le chat sauvage	Waschbär
le carcajou	Vielfraß
le siffleur	Murmeltier
le dindon F	Truthahn
le fou de bassan	Basstölpel (Vogelart)
le pékan	Fischermarder
le martre	Marder
l'ermine	Hermelin
le pygargue à tête blanche	Weißkopfseeadler
le polatouche	Gleithörnchen, Flughörnchen

„Waschratte" le chat sauvage *ist tatsächlich keine Wildkatze, sondern ein Ausdruck für „Waschbär", seltener auch für „Luchs".*

(engl. flying squirrel*)*

Großer Fang

Angler benötigen natürlich ihre Ausrüstung: la canne à pêche *(Angelrute),* le leurre *(künstlicher Köder),* l'hameçon *(Haken – es darf mit Widerhaken geangelt werden),* le marcheur de fond *(eine Spezialkonstruktion für Goldbarsch, Forelle und Hecht).*

Angler werden in erster Linie auf die folgenden Arten treffen:

l' achigan	Schwarzbasse
l' ouananiche	nordamerikan. Lachsart
le brochet F	Hecht
le saumon F	Lachs
le doré	Goldbarsch
la truite mouchetée F	Bachforelle
le maskinongé	nordamerikan. Hechtart
le touladi, la truite grise	Seeforelle

Freizeit und Jagen

Mit dem Kanu bricht man auf zu den beliebten canot-camping-*Touren, das sind Kanuwanderungen mit Übernachtungen irgendwo in der Wildnis. Mitunter gibt es* portages, *Landverbindungen zwischen den Gewässern, über die man sein Kanu tragen muss.*

ZAC (Abk. f. zone d'aménagement contrôlé et de conservation des ressources fauniques) Naturschutzzone

les parcs et réserves Nationalparks und Naturschutzgebiete

le poste d'accueil Empfangs- und Informationsposten in den Parks

ZEC (Abk. für zone à exploitation contrôlée) Jagdreviere, die «gemietet» werden können

les agrès, l' attirail Angel-, Jagd-, Skiausrüstung

le permis de pêche Angelerlaubnis

le permis de chasse Jagderlaubnis

la pourvoirie Camps, z. T. recht luxuriös ausgestattet, von denen aus zu Angel- und Jagdtouren gestartet wird

la battue (Tier-)Fährte

le piégeage Fallenstellen

l' attrape, la trappe Falle

la passe migratoire Stationen, an denen Wanderungen verschiedener Fischschwärme beobachtet werden können

la chaloupe kleines Motorboot

le canot das Kanu

frz. le canoë

les terres de la Couronne staatliches Land

(= Land der Krone)

Terre(s) sous bail du gouvernement Pachtland von der Provinzregierung zur Fisch- und Jagdnutzung

la saline die Salzlecke (für Elche)

In den Nationalparks existieren spezielle Kanu-Wanderrouten, die in regelmäßigen Abständen mit terrains de camping ausgestattet sind. Dabei handelt es sich um ebene Plätze, die durch große Schilder für den Kanuten weithin sichtbar sind und an denen bis zu vier Zelte aufgestellt werden können. Diese Art des Campens heißt übrigens camping rustique (rustikales Camping). Einziger «Luxus» ist eine Holzbox mit einem Loch, ein Plumpsklo: toilette sèche («trockenes Klo») genannt. Doch Vorsicht! Anders als im dichtbesiedelten Europa stellt ein Fremder nie sein Zelt auf ein bereits belegtes Terrain, auch wenn dort theoretisch noch viel Platz ist. Man mag nun einmal seine Ruhe, und wirkliche Platzprobleme gibt es eigentlich auch nie.

la toilette sèche – Trockentoilette

le fly-in Angelvariante, bei der man sich mit einer Privatmaschine in der Wildnis bei einem Blockhaus mit Booten absetzen lässt. Wenn das Wetter es zulässt, wird man nach einigen Tagen wieder abgeholt.

(„weißes Fischen“)

la pêche blanche Eisfischen, Wintervariante des Fischens. Das Eis der zugefrorenen Seen und Flüsse wird aufgebohrt, über das Loch eine kleine cabane (Hütte) mit Ofen gestellt, und dann wird geangelt.

la descente de rivière Rafting

Unterwegs mit dem moto-neige

im Winter

la moto-neige
(Schneemobil) (Markenname)
kleiner Motorschlitten. Macht nicht nur Spaß, sondern ist auch echtes Fortbewegungsmittel, für das es neben vielen Straßen extra Trassen gibt.

le ski-doo
aus dem Englischen übernommene Bezeichnung des moto-neige

le motoneigiste Fahrer des moto-neige

le berlot Schlitten (Kasten auf mehreren Kufen)

le traîneau à chiens	der Hundeschlitten
la carriole	Winterschlitten
le membre / runneur	Schlittenkufe
la lisse	Schlittenspur
hiverniser, hivériser	winterfest machen
s'ouacher	überwintern (Tiere)
la souffleuse de neige	Schneefräse
faire la raquette	Schneeschuhlaufen

engl. runner

Ma cabane au Canada

Als Line Renaud 1947 den Chanson Ma cabane au Canada sang, hatte sie sich wohl schwerlich träumen lassen, dass dieser Ausdruck fester Bestandteil der französischen Sprache werden würde, der bis heute aktuell ist. Sie besingt die Träume eines einfachen Lebens im Herzen der Natur:

Ma cabane au Canada – für viele ein Lebenstraum

Ma cabane au Canada
Est blottie au fond des bois
On y voit des écureuils – Sur le seuil
Si la porte n'a pas de clé
C'est qu'il n'y a rien à voler
Sous le toit de ma cabane au canada
Elle attend engourdie sous la neige
Elle attend le retour du printemps
ma cabane au Canada
C'est le seul bonheur pour moi
La vie libre qui me plaît ...

(Meine Hütte in Kanada kuschelt sich in den Wald. Man sieht dort Eichhörnchen auf der Schwelle, und wenn die Tür keinen Schlüssel hat, dann deshalb, weil es dort, unter dem Dach meiner Hütte in Kanada, nichts zu stehlen gibt. Träge unter dem Schnee wartet meine Hütte in Kanada auf die Rückkehr des Frühlings. Das ist das einzige Glück für mich, das freie Leben, das mir gefällt....)

Diesen Traum dürfen viele Québécois und auch Ausländer immer noch leben. Auf gepachtetem Land (terres sous bail de la couronne/du gouvernement) der Regierung Québecs haben sie das Recht zu Erholungs-, Fisch- oder Jagd-

zwecken ein sogenanntes camp de chasse oder camp de pêche (Jagd- oder Fischerhütte) zu errichten. Rund 47 000 Personen oder Einrichtungen haben mittlerweile so ein mehr oder weniger abgelegenes Stückchen Land, dessen Nutzung strengen Regelungen unterliegt. Jedes Jahr wieder werden einige Parzellen zugelost (le tirage au sort = Verlosung). Manch einem gelingt es auch, einen abgelegenen Flecken Erde mit einer bereits existierenden Hütte zu erwerben, wobei sich der Erwerb nur auf die Hütte bezieht. Oft ist das Hinkommen nur per Wasserflugzeug (un hydravion) oder mit dem Boot möglich.

l'hydravion – Wasserflugzeug

Le nordais et le sirois

Das liebe Wetter

Das Wetter ist ein wichtiges Thema in Kanada, vor allem der Winter ist sehr dominierend: Im Winter ist es nämlich nicht nur im Norden kalt. Hinzu kommt, dass der erste Schnee bereits im November fällt, der letzte aber erst im März oder gar April.

Städte wie Montréal und Québec können durchaus Temperaturen von -45° C aufweisen, auch wenn der Durchschnitt im Januar eher bei -12° C liegen dürfte.

In Montréal gibt eine weltweit wohl einzigartige ville souterraine (unterirdische Stadt). In den sechziger Jahren entschloss man sich, um den langen kalten Wintern und den mitunter sehr heißen Sommern zu trotzen, eine Stadt im Untergrund anzulegen. Mittlerweile erstrecken sich über mehr als 20 km rund 1500 Geschäfte und 150 Restaurants. Außerdem sind viele öffentliche Gebäude und Hotels über den klimatisierten Untergrund zu erreichen.

	la bordée de corneilles	die letzten Schnee-
Krähenschnee/	**la bordée des oiseaux**	fälle im Winter
Vogelschnee	**le banc de neige**	Schneefront, -masse
Schneebank	**la pelote de neige**	Schneeball
	la bordée de neige	Schneesturm
	neigeasser	leicht schneien
	la poudrerie	Schneesturm aus feinem Pulverschnee bei stark sinkenden Temperaturen
	crier	knirschen (Schnee)
frz. crisser	**le glaçon** F	Eiszapfen
	la neige molle	Pappschnee
	le gazon (de glace)	Eisschollen
	le brin de neige	Schneeflocke
	la pluie verglaçante	Eisregen
frz. le verglas	**la slush / le slotche**	Schneematsch
engl. slush	**la plie**	Regen
frz. la pluie	**Il mouille.**	Es regnet.
	le brin de pluie / plie	Regentropfen
	l' eau de dalle	Regenwasser
	Le temps se crosse.	Das Wetter ver-
	Le temps se crotte.	schlechtert sich.
	Le temps se chagrine.	Der Himmel verdüstert sich.

le méchant temps	schlechtes Wetter	*frz.* le mauvais temps
la nuée	Wolke	*frz.* le nuage
éclairer	blitzen	
le nordais	der Nordwestwind	*frz.* le nord-ouest
le sirois	der Südostwind	*frz.* le sud-est
J'ai pété à la gelée.	Mir war hundekalt.	*Ich bin fast zu Eis geworden.*
Il fait fret / frette.	Es ist kalt.	

Angenehmer ist der l'été indien / l'été des Indiens (Indianersommer) – Altweibersommer, in dem die Wälder sich herrlich bunt verfärben.

Die Bezeichnung «Indianersommer» verweist noch auf die frühe Kolonialzeit: In diesen sehr warmen Herbsttagen griffen die Indianer, bevor sie sich in ihr Winterquartier begaben, ein letztes Mal die Siedler an.

humidex: die gefühlte Temperatur

Im Sommer kann es sehr heiß werden, das ist la canicule (Hundstage). Zu den Temperaturangaben kommt meistens noch der (indice) humidex hinzu, ein Index der kanadischen Meteorologen, der beschreibt, wie die Mischung aus Hitze und Feuchtigkeit sich als Temperatur für eine durchschnittliche Person anfühlt. So fühlen sich beispielsweise 34 °C bei einer Luftfeuchtigkeit von 45% wie 42 °C an. Der Rekord für Montréal stammt übrigens immer noch vom 1. August 1975: dort wurden 37,6 °C gemessen, die mit einem Humidex von 46,8 einer gefühlten Temperatur von 48 °C entsprechen. Für den Winter gilt dann die zusätzliche Angabe des réfroidissement éolien bzw. facteur vent (Windfaktor), um die gefühlte Temperatur zu ermitteln. Je nach Windfaktor fühlen sich -13 °C schnell einmal wie -20 °C oder -30 °C an.

Duplex, triplex, quadruplex

Wohnen in Kanada

	le condo (Abk. condominium)	Eigentumswohnung
	duplex / triplex / quadruplex	Zwei- / Drei- / Vier-Parteien-Haus
	triplex à louer	Wohnung im Drei-Parteien-Haus zu vermieten (steht in Wohnungsanzeigen)
	rester	wohnen
	être bien gréé	gut ausgestattet sein, schön wohnen
	le chalet en bois rond	Blockhaus
	radouer la maison	kleine Reparaturen ausführen
	peinturer	malern
engl. to move, *frz.* mouvoir	**mouver**	umziehen
	lessiver	waschen, spülen
	la galerie	Balkon
	le / la moustiquaire[F]	Fliegen- und Mückengitter
	le châssis	Fenster
	le butin	Einrichtung, Möbel
	la champlure	Wasserhahn
engl. sink	**le sink**	Waschbecken
	la tuile	Fliese
	la chandelle	Kerze
engl. napkin	**la napkinne**	Serviette
	le poêle	Herd

la saucepane / chassepanne	Kasserolle, Stielkochtopf
la balayeuse	Staubsauger
le torchon	Feudel, Putzlappen
la laveuse	Waschmaschine
la sécheuse	Wäschetrockner
le gratte-pieds	Fußabtreter
la mop	Mop
le cadran	Wecker
la tapisserie	Tapete
la demeure	Abstellkammer
le bureau	alle Arten von Kommode
le bureau monsieur	hohe Kommode
le bureau madame	niedrige Kommode
pitonner	zappen (beim Fernsehen)

engl. mop

eigentlich «Schreibtisch».

frz. zapper

La salle de bain – die Toilette

Das verschämt-englische bathroom hat sich in der Übersetzung salle de bain neben der bekannten toilette auch in Frankokanada seinen Platz erobert. Anbei noch einige umgangssprachliche Ausdrücke zum Thema Klo:

la chiotte F*	das Scheißhaus
les camiliennes	die öffentlichen Toiletten in Montréal
les chiardes, le chioir	umgangssprachlich für «Klo», eigentlich eine Außentoilette

les camiliennes *sind so benannt nach dem Bürgermeister Camilien Houde, der sie eingeführt hat.*

Anmerkung	Französisch	Deutsch
engl. backhouse = *Hinterhaus*	**les bécosses**	ursprünglich Außentoilette, heute ist „Klo" damit gemeint
die Gemeinsamen	**les communs**	das Klo
engl. water closet	**les closets**	das Klosett
Trockentoilette	**la toilette sèche**	Plumpsklo, das vor allem beim Campen anzutreffen ist
frz. changer l'eau du poisson *(dem Fisch das Wasser wechseln)*	**aller changer son poisson d' eau**	pinkeln gehen
	avoir la calèche / le foira / le va-vite / la débâcle / le flux	Durchfall haben
	lâcher un pet F	einen fahren lassen
	le pet pueur	Stinkefurz
den Elch rufen	**caller l' orignal**	kotzen

Les guenilles

die Kleidung

Hier geht es um alles, was so am Körper getragen wird. Auch dabei ergeben sich, wetter- und temperaturbedingt, einige Besonderheiten.

les alaskas / raquettes	Schneeschuhe
les babouches / slounes	Strand-, Plastiksandalen
la bagosse	Arbeitsoverall
la botte sauvage / canadienne	dicke handgenähte Stiefel im Indianerstil, meist aus Karibuleder, durch die keine Kälte dringt

Les guenilles 

la brassière	Büstenhalter	
le butin	Kleidung (allg.); auch: Einrichtung	
le capot	warmer Herrenmantel	
le casque	Hut, Mütze	*frz.* le casque = *Helm*
le chandail	Pullover	
les claques / chaloupes	Überschuhe, die vor allem im Winter getragen werden, um die Schuhe vor Nässe und Streusalz zu schützen	
la chaussette	Hausschuh	*frz.* la chaussette = *Socke*
le bas	Socke, Strumpf	*frz.* la chaussette
les souliers	Turnschuhe	*frz.* les baskets
la robe de chambre	Schlafanzug, Hausanzug	
le coat	Mantel	*engl.* coat
le coat à queue, l' arrache-clou	Frack, Schwalbenschwanz	
le brayet	Badehose, -anzug	
la flanelette	Flanell	
les guenilles	Klamotten	
l' habit de neige, le chulottan	Schneeanzug mit Kapuze	
la hausse	Stiefelschaft	
la mitasse / mitaine	Fausthandschuh	
les morniques / barniques	Brille	
le nuage, la crémone	Schal, Halstuch	
la sacoche	Handtasche	
la tuque	Pudelmütze	

Aus- und Anziehen

frz. la blanchisserie, la teinturerie

(alle anderen Farben heißen wie im Französischen)

Wenn reduziert wird, dann kräftig, und bei diversen offres spéciales *lässt sich so manches Schnäppchen machen!*

la buanderie / la buanderette	Wäscherei, Reinigung
la broche à tricoter / tricotage	Stricknadel
carreauté	kariert
la cuiller à chaussures	Schuhlöffel
se décapoter	sich ausziehen
drab	beige
s'enmitaner, s'emmitaner, s'enmitainner	sich die Handschuhe anziehen *(es gibt verschiedene Schreibweisen!)*
s'épivarder, se toiletter	sich anziehen, sich fertigmachen
la vente, l' aubaine	Sonderangebote, Schlussverkauf

Oh mon maître ...

das Arbeitsleben

frz. le pedigree = *Stammbaum*

engl. to bargain

engl. to trade

engl. shift

la (d)job	Job
le pedigree	Lebenslauf
barguiner	handeln (mit Ware)
trader	Handel treiben
le confrère [F]	Arbeitskollege
le shift	die Mannschaft

le travaillant	Arbeiter	
le show boy	«Mädchen für alles» auf dem Bau	*engl.* chore boy
le col bleu	Angestellter der Stadtreinigung, auch allg. für „Arbeiter“, im Gegensatz zu:	le col bleu *(blauer Kragen, engl.* blue collar*) ist zu erkennen an der unverwüstlichen blauen Kleidung, im Gegensatz zum* col blanc *(weißer Kragen).*
le col blanc	Angestellter	
le boss	der Boss / Chef	
le torchonneux/ la torchonneuse	Stümper / -in	
avoir beaucoup d' ouvrage	viel Arbeit haben	
trimer fort	hart arbeiten, malochen	
se faire saler	ausgebeutet werden	
travailler pour des éplures	für Hungerlohn arbeiten	
travailler pour des pinottes	für Hungerlohn arbeiten	*engl.* peanuts
djumper le camp	die Arbeit schmeißen	*engl.* to jump
se faire clairer	gefeuert werden	*sich reinigen lassen*
être sur le carreau	arbeitslos sein	*auf der Fliese stehen*
aller au bois	auf dem Bau arbeiten	
donner une bourrée	Überstunden machen	
retrousser ses manches	die Ärmel hochkrempeln	
je me suis planté(e)	ich bin durchgefallen	
loafer des cours	Schule schwänzen	
les vacances de construction	allgemeine Ferien in Québec während der letzten 2 Juliwochen	

Oui, allô ...
Telefonieren

Jede Provinz wird in der Regel von einer oder zwei Telefongesellschaften bedient. In Québec findet man in erster Linie Bell Canada.

Ortsgespräche sind vom privaten Apparat aus kostenlos, in die Apparate der öffentlichen Fernsprechzellen müssen 50 Cents eingeworfen werden.

Wer es vorzieht, via opérateur bzw. operator zu telefonieren, wählt eine 0 und hat immer die Wahl zwischen einem englisch- oder einem französischsprachigen Angestellten.

Für Ferngespräche oder gar Überseegespräche sollte man sich rechtzeitig mit einem großen Vorrat an 25-Cent-Stücken bewaffnen, um wenigstens in den Genuss eines kurzen Gespräches zu kommen. Am besten geht man dazu jedoch in eine der Telefonzentralen, wo man im Anschluss an das Gespräch bezahlt. Teilweise ist es auch möglich, mit der Kreditkarte zu telefonieren.

Fast alle kanadischen 1800er Nummern gelten auch für Anrufe aus den USA. Umgekehrt können auch viele der 1800er Nummern der USA von Kanada aus angewählt werden.

800er Nummern sind landesweit gebührenfrei. Meistens handelt es sich dabei um die Nummern von öffentlichen Informationsstellen, Reservierungszentralen der Hotels etc. Zum Beispiel ist 873 2015 die Nummer des Touristeninformationsbüros in Montréal, sie gilt in dieser Form jedoch nur für Anrufer aus der Stadt. Anrufer aus anderen Teilen Québecs wählen 1800 361 5405.

Die Notrufnummer ist 911.

le longue distance, l' interurbain	Ferngespräch
l' appel à frais virés	R-Gespräch, ist nach Deutschland nur über die Zentrale in Frankfurt möglich
«Oui allô!» / «Allô!» / «Oui!» *(mit langgezogenem iiii)*	«Ja bitte, hallo!» So meldet man sich am Telefon.
le code régional F	Vorwahl
le répondeur (automatique) F	Anrufbeantworter (gibt's in jedem Haushalt)
la tonalité, le sonore	der Piepston, z. B. beim Anrufbeantworter
Restez en ligne! / Gardez la ligne!	Bleiben Sie am Telefon! Bleiben Sie dran!
Veuillez laisser un message!F	Hinterlassen Sie bitte eine Nachricht!
composer un numéro F	eine Nummer wählen

(nicht unbedingt empfehlenswert!)

Es ist, wie in fast allen Ländern, nicht üblich, seinen Namen zu nennen.

engl. Hold the line!, *frz.* Ne quittez pas! *= Verlassen Sie nicht!*

Ausdrücke wie «An der Strippe hängen», «Telefonitis haben» etc., sind jedem Québécois unbekannt. Es wird immer viel telefoniert, und Telefonieren kostet ja so gut wie nichts im Lande von Alexander Bell, dem Erfinder des Telefons.

Vom «dépanneur» zum «resto»

Essen (nicht nur Blaubeeren)

Wer selber einkaufen will, geht in den nächsten supermarché, den Supermarkt. Viele Lebensmittel gibt es recht preiswert en vrac (engl. bulk food), d. h. lose und abgepackt vom Supermarkt, entspricht in etwa der weißen Ware in Deutschland. Wenn der große Hunger erst nach 21 Uhr kommt (dann schließen die Supermärkte), so bleibt an fast jeder Straßenecke noch der dépanneur, eine Art Tante-Emma-Laden, der rund um die Uhr an allen Wochentagen geöffnet hat. Einige von ihnen verkaufen auch Briefmarken und lagern Pakete.

In dem einmal wöchentlich an alle Haushalte verteilten publi-sac, der die gesammelte Werbung enthält, befinden sich auch die coupons-rabais, Wertmarken, mit denen bestimmte Produkte günstiger erstanden werden können. Da die Kanadier insgesamt mehr auf ihre Ausgaben achten müssen, ist es absolut üblich, an den Kassen diese Coupons abzugeben.

faire des commissions (*frz.* faire des courses) = *einkaufen*

Wer Fleisch essen will, findet wenig Schweinefleisch, dafür aber viel poulet (Huhn), bœuf (Rind) und veau (Kalb). Und da fast vor jedem Haus ein großer Gasgrill steht, gibt es stets spezielle BBQ (Barbecue)-Angebote.

Einiges heißt in Frankokanada allerdings anders als in Frankreich. Zum Beispiel:

la crème à fouetter	Schlagsahne (noch nicht geschlagen)	
la crème fouettée	geschlagene Schlagsahne	
la crème glacée / molle	Speiseeis	*Dies verspeist man übrigens in einer* crémerie *(Eisdiele).*
les croustilles	Chips	
la fève	(gelbe) Bohne	
la fève à / en palette	grüne Bohne	*frz.* l'haricot vert
la fleur	Mehl	*frz.* la farine
la gadelle	Johannisbeere	
la gadelle noire	schwarze Johannisbeere	
le lard	(nicht gepökeltes) Schweinefleisch	*frz.* le porc
le pain sucré	Kuchen	*(= gezuckertes Brot)*
la patate	Kartoffel	*frz.* la pomme de terre
la saucisse italienne	Bratwurst	*(= italienische Wurst)*
l'arachide	Erdnuss	*frz.* la cacahuète

Straßenrestaurant

Und natürlich heißen die pommes frites in Québec: patates frites! *Eine Portion Pommes frites bestellt man in Kanada übrigens mit den Worten une frite, was in Frankreich allerdings regelmäßig für Heiterkeitsausbrüche sorgt.*

essen gehen

Québec ist dank seiner französischen Tradition reicher an guten Restaurants als der Rest des nordamerikanischen Kontinents. Auch die vielen Einwanderer haben zur Vielfalt der kulinarischen Kultur beigetragen. Der Zusatz cuisine régionale bedeutet übrigens, dass die angebotenen Menüs zu mindestens 50% aus lokalen Produkten und zu 70% aus Produkten der Provinz Québec bestehen.

Bei den resto's[F] (Restaurants) gibt es das sogenannte restaurant licencié mit Alkoholausschankerlaubnis; wirbt meistens mit: licence complète (vollständige Lizenz).

Alle anderen fordern auf: Apportez votre vin! Man bringt zum Essen also seine eigenen Getränke mit, Gläser werden gestellt. Meist ist ein dépanneur (Tante-Emma-Laden) ganz in der Nähe.

In den Restaurants ist es übrigens unüblich, sich seinen Platz selbst zu suchen – das Personal platziert. Das Schild am Eingang sollte daher nicht übersehen werden:

Laissez-nous le plaisir de vous placer.

tipper

Ein Muss ist le tip, das obligatorische Trinkgeld, das den niedrigen Stundenlohn des Servicepersonals erst zu einem Gehalt werden lässt. Üblich sind 15%. Ist der Service tatsächlich einmal saumäßig, darf ausnahmsweise auf 10% heruntergegangen werden.

Das «Trinkgeld-geben» läuft übrigens nach einem bestimmten Ritual ab: Die Rechnung kommt, wird bezahlt, die Bedienung bringt das Wechselgeld, und erst beim Gehen wird auf dem Tisch le tip liegengelassen. Also niemals nach deutscher Sitte bereits beim Bezahlen den Betrag aufrunden!

Natürlich gibt es auch die bekannten Fast-Food-Ketten, die mit ihrem service rapide werben, wie Mac Do (sprich *«mäc»*), die Abkürzung für Mac Donald's.

Beliebt ist dabei der Service au volant *(Bedienung am Steuer)*, also sich das Essen zu bestellen, ohne aus dem Auto auszusteigen. Ansonsten muss man sich sein Essen mit le cabaret (dem Tablett) holen.

Oft und gern genutzt wird auch die Möglichkeit, sich sein Essen an die Haustür bringen zu lassen: Livraison rapide, «schnelle Lieferung», garantieren die Restaurants (délivrer, engl. deliver = liefern, ausliefern).

Wenn es ans Bezahlen geht, so ist nicht klassisch französisch die «addition» zu verlangen, sondern la facture *oder* la note, *die Rechnung.*

Bei den Restaurant-Preisen ist noch zu beachten, dass die Bundes- und Provinzsteuern von zusammen 15% draufgeschlagen werden (siehe «Ver- und Abkürzungen»), man also inclusive Trinkgeld mit runden 30% mehr rechnen muss, um auf den Endpreis zu kommen! Es sei denn, es ist zu lesen: TPS / TVQ incluses, Bundes- / Provinzsteuer inbegriffen.

Typische Gerichte und Lebensmittel

Anmerkung	Französisch	Deutsch
	le gruau	Porridge
Betonung auf der 1. Silbe, nicht zu verwechseln mit frz. beignet *(«Berliner»)!*	**le / la beigne**	die bekannten amerikanischen Donuts (eine Art «Berliner»)
die Löcher	**les trous**	die aus den Donut-Teigkringeln ausgestochenen Mittelteile
indi(ani)scher Weizen	**le blé d'Inde**	Mais, wichtiges Nahrungsmittel. Um die Mais-Ernte zu feiern, gibt es zum Sommerende ein großes Fest, l' épluchette genannt.
	le chien chaud	Hot Dog
engl. sea pie	**le cipaille**	Fisch-Gemüse-Pastete
	les langues de morue	panierte und gebackene Kabeljauzungen
	la quiaude	Fischfrikassee aus Gaspésie
	la croquignole	frittierte, gezuckerte Teigwaren
	la farlouche	Kuchenbelag aus Melasse, Mehl und Rosinen; der Kuchen selber heißt dann la tarte à la farlouche.
	les fèves au lard	Bohnen mit Schweinefleisch in Melasse oder Ahornsirup
Boden und Tische werden zwischendurch immer wieder abgespült. Die durchschnittliche Verzehrrate pro Person beträgt 6 -10 Hummer!	**le gala du homard**	das «große Hummer(fr)essen» ist ein Fast-food-Fest, das im Juni / Juli stattfindet. Für einen einmaligen Eintritt gibt es Hummer, so viel man möchte.

la poutine	Pommes frites mit einer Art Bratensoße und Cheddarkäse, auch allgemeiner Ausdruck für „Dessert"!	*engl.* pudding
les patates frites	Pommes frites	*frz.* les pommes frites
le pâté chinois	traditioneller Auflauf mit Mais, Kartoffeln und Fleisch	
le smoked meat	kräftig gewürztes Rauchfleisch	
la viande blanche	das weiße Fleisch vom Hähnchen, Brustfleisch	*(kostet in der Regel Can$ 1 mehr)*
le slush	Getränk aus Sirup und zerstoßenem Eis	
le sous-marin	belegtes Baguette-Sandwich in U-Boot-Form	
la tourtière	Pastetenspezialität mit Rind- oder Schweinefleisch	
l' assiette aux trempettes	Rohkostteller mit verschiedenen Saucen zum Dippen	

Salate

Vorsicht bei den Salatsoßen: Bei der vinaigrette française handelt es sich nicht um eine klassische Vinaigrette mit Essig und Öl, sondern um eine Variante mit Ketchup! Wer es traditioneller haben möchte, nehme eine vinaigrette italienne oder eine vinaigrette balsamique (mit Balsamico-Essig).

die Blaubeeren

Wer will, kann als privater ramasseur («Pflücker») losziehen und nach Gewicht bezahlen.

les bleuets	kanadische Blaubeeren, die es überall im August gibt
les bleuetières	heißen die großen Blaubeerfelder, auf denen die Blaubeeren kultiviert werden. Pro Hektar werden übrigens rund 1000 kg (!) geerntet.
le festival des bleuets	Das Blaubeeren-Fest findet in Mistassini statt und ist eine einzige Blaubeer-Orgie!
le Dubleuet *(Markenname)*	Aperitif auf Blaubeerbasis

der Ahornsirup

le sirop d'érable, le sucre du pays / d'habitant
(Zucker des Landes / des Einwohners)
Der Ahornsirup, die kanadische Spezialität schlechthin, gehört natürlich zu vielen Essen dazu. Es gibt ihn in verschiedenen Qualitätsklassen:

le sucre / sirop de sève Ahornsirup minderer Qualität
la tire sehr dickflüssiger Ahornsirup
la trempine, la trempette heißer Ahornsaft, kurz bevor er zum Sirup wird
la trempette (auch:) in Ahornsirup getunkte Brotcroutons

l' érablière
Ahornpflanzung
aller aux sucres *(in den Zucker gehen)*
zum Ahornsirup-Essen gehen
la partie de sucres *(Zuckerausflug)*
Ausflug zum Ahornsirup-Essen
le beurre d'érable
Butter aus Ahornsirup
la cabane à sucre
spezielle Restaurants außerhalb der Stadt, oft irgendwo im Wald, in denen im Winter bzw. Frühjahr (März/April) Spezialitäten mit frisch gezapftem Ahornsirup gereicht werden.

Ahornsirup und die Ahornsirup-Gerichte gibt es natürlich das ganze Jahr über, frischen Ahornsirup jedoch nur im März / April zur Erntezeit, danach kommt er halt aus der Büchse.

Spezialitäten mit Ahornsirup gibt es in der cabane à sucre

Ausdrücke rund ums Essen

	le manger	Essen, Mahlzeit
	le fricot	das Festessen
	la gibelotte	misslungenes Essen
frz. faire la cuisine	**faire l' ordinaire**	kochen, auch: saubermachen, putzen
einen Biss nehmen	**prendre une mordée**	kraftvoll zubeißen
	goûter [F]	schmecken
	C'est langui.	Das ist nicht gar.
	la sauce aux grélots / gorlots	klumpige Soße
	le grélot / gorlot	eine Kartoffel, die zu klein zum Essen ist
	le pain de famille, le pain d'habitant	selbstgemachtes Brot
	la graine	Krümel
	être safre	mordshungrig sein
Er / sie isst wie ein Bär.	**Il / elle mange comme un ours.**	Er / Sie frisst wie ein Scheunendrescher.
wie Großvater essen	**manger en pépère**	ein Vielfraß sein
s. den Schnabel zuckern	**se sucrer le bec**	naschen
engl. napkin	**le napkinne**	Serviette
	la collation	kleiner Snack, Imbiss

Nicht irritieren lassen sollte man sich von den frankokanadischen Bezeichnungen für die Mahlzeiten, die von denen Frankreichs abweichen bzw. ganz andere Mahlzeiten bezeichnen:

frz. le petit déjeuner	**le déjeuner**	das Frühstück
frz. le déjeuner	**le dîner**	das Mittagessen
frz. le dîner	**le souper**	das Abendessen

Se pacter la fraise

Trinken und Saufen

Harte alkoholische Getränke gibt es nicht in den Supermärkten, die lediglich Bier und Wein verkaufen dürfen.

Wer Alkohol erstehen will, der muss über 18 Jahre alt sein und begibt sich dazu in eine Société des alcools, einen für den Alkoholverkauf staatlich lizensierten Getränkemarkt mit saftigen Preisen. Es empfiehlt sich, einen Ausweis mit sich zu führen.

Verboten ist es übrigens, geöffnete Alkoholflaschen im Auto zu haben!

les breuvages	Getränke (allgemein)	*frz.* les breuvages *= alkohol. Getränke*
les boissons	alkoholische Getränke	*frz.* les boissons *= Getränke allgemein*
les liqueurs douces	Softdrinks, Cola etc.	*engl.* soft drinks
le marlo	hausgemachter Alkohol	
le Dubleuet	Aperitif auf Blaubeerbasis	*(Markenname)*

le caribou

Wenn im Februar die Stadt Québec ihren ausgelassenen Winterkarneval, le carnaval de Québec, feiert, dann sind die meisten Besucher dieses Festes mit einem roten Plastikstock bewaffnet, in dem sich zum Aufwärmen der caribou, eine Schnapsspezialität, befindet.

«Punkt fünf»	**Point Cinq**	alkoholfreies Bier
	la molle	Bier
	Carnaval	äußerst beliebte Biersorte, die ausschließlich zum Karneval auf den Markt gebracht wird
	la bière à la bibitte	selbstgebrautes Bier (aufgrund der saftigen Alkoholpreise gar nicht so selten)
Rottannenbier	**la bière d' épinette**	schwach alkoholisches Bier aus dem Harz der Rottanne
	le pichet F	große Krüge, in denen gerne Bier kredenzt wird
	le draft	gezapftes Bier

Alkohol gibt es erst ab 18 Jahren

Die im Vergleich zu den USA sehr guten Biersorten in Québec heißen:

Labatt Bleue, Labatt Cinquante, Labatt Dry, Labatt Ice, Molson Dry, Molson Laurentide, La Molson Export, Molson Black Label, O'Keefe, Boréal Blonde, Boréal Rousse, Boréal Brune, Boréal Noire

Ausdrücke rund ums Trinken

se paqueter / pacter la fraise	sich die Birne zudröhnen	*sich die Erdbeere füllen* *engl.* to pack
partir en balloune, partir sur la brosse	sich vollaufen lassen	*zum Ballon werden* *auf die Bürste gehen*
boire en sirop	der reinste Schluckspecht sein	*etwas wie Sirup trinken*
boire de la robine	Fusel trinken	
être en balloune, être sur la balloune, être en brosse, être pacté	betrunken sein, geladen haben	*Ballon sein* *auf der Bürste sein* *abgefüllt sein*
être brûlé	zu sein, groggy sein	*verbrannt sein*
pacté comme un œuf	sturzbetrunken	*gefüllt wie ein Ei*
le brosseux, la brosseuse	der Betrunkene, die Betrunkene	
avoir mal au galarneau	einen Kater / Brummschädel haben	*Schmerzen in der Sonne haben*
avoir la gueule de bois	verkatert sein	

Aller cruiser

Auf die Piste gehen

Das magische Alter für Alkoholbestellungen ist 18. Wer jünger ist, bekommt nichts Alkoholisches zu trinken und wird auch nicht in eine Disco eingelassen, sofern dort Alkohol ausgeschenkt wird.

Abends, wenn es beginnt zu dämmern, zieht man gerne los ...

Disco, Musik, Kneipen ...

	la brunante	Dämmerung
	la noirceur	Nacht
	la boîte F	Disco, Kneipe
	le trou F	Spelunke
	la brasserie	Bar mit leicht bekleideter Bedienung
engl. to cruise	**aller cruiser / crouser**	auf die Piste gehen
	aller faire une virée	einen draufmachen
	une tournée des bars	Kneipenbummel
engl. doorman	**le doorman**	der Türsteher, Rausschmeißer
engl. cover charge	**le cover charge**	der Eintritt (z. B. für die Disco)
engl. square dance	**l' orchestre**	Band (bei Live Musik)
engl. to call	**la danse carrée**	Square Dance (immer noch sehr beliebt)
engl. tune	**le calleur**	der Ansager beim Square Dance, der die zu tanzenden Figuren vorgibt
	la toune	Musik, Lied
	turluter	singen

Tire-toi une bûche!	Setz dich! Pflanz dich hin!
jouer au pool, jouer au billard F	Billard spielen

(Hol dir einen Holzklotz!) Das Billardspiel ist sehr beliebt.

le bingo

Bingo ist wie überall in Nordamerika auch in Kanada sehr beliebt. Oft werden sonntags in den Kirchen Bingo-Spiele veranstaltet. Da es keine Kirchensteuer gibt, verbessern viele Gemeinden auf diese Art und Weise ihre finanzielle Situation.

Kino

Wer in Québec ins Kino geht, kann meistens zwischen vielen Kinos und folglich einer englischen oder französischen Version des gewünschten Films wählen.

Bevor die Filme anfangen, gibt es in der Regel keine Werbeblöcke (Werbung für Zigaretten oder oder Alkohol wäre undenkbar!). Lediglich eine Vorschau kommender Filme wird gezeigt. Natürlich gibt es auch Altersbegrenzungen für bestimmte Filme, aber das wird in der Regel lockerer gesehen als hierzulande. Parc Jurassique *(Spielbergs «Jurassic Park») beispielsweise war in Kanada als Kinderfilm zugelassen ...*

admission pour tous F freigegeben für alle Altersstufen
admission pour les plus de 16 ansF freigegeben ab 16
le film pornoF**, un film de cul** * *(Arschfilm)* Pornofilm
un film à recommander F empfehlenswerter Film, Prädikat: besonders wertvoll
le maïs éclaté Popcorn, wird in drei verschiedenen Tütengrößen verkauft, wahlweise mit Butter oder Salz.

La tomate et le foin

Kohle, Zaster, Knete

Der kanadische Dollar ist auf Gedeih und Verderb vom US-Dollar abhängig. Es gibt 1, 2, 5, 10, 25 und 50-Cent-Stücke sowie 1- und 2-Dollar-Münzen, außerdem Scheine zu 2, 5, 10, 20, 50, 100 und 1000 Dollar.

	un dollar	ein (kanadischer oder US-)Dollar
	un sou	ein Cent
(benannt nach dem auf der Münze abgebildeten Vogel)	**loonie** (engl.)	1-Dollar-Stück
	la piasse / piastre, la tomate, la fripée, la douille	Dollar (umgangssprachlich)
	le bidou	Knete
Heu	**le foin**	Zaster

Kanadier erhalten ihr Gehalt in der Regel einmal wöchentlich per Scheck ausbezahlt: Angestellte zumeist am Mittwoch und Arbeiter am Donnerstag. Rentner erhalten ihren Rentenscheck meist freitags. Diesen Tag nennt man le jour de la Sainte-Touche *(heiliger Berührungstag)* – Zahltag.

haben – oder nicht haben

Bargeld wird, trotz Kreditkarten, sehr gern gesehen.

payer en argent sonnant, payer en billet du dominion, payer cash	bar zahlen	*mit klingendem Geld* *mit Unionsgeld* *cash zahlen*
payer en monnaie de singe	mit Falschgeld zahlen	*mit Affengeld zahlen*
charger	berechnen	*engl.* to charge
le dépôt	Anzahlung	*engl.* deposit
avoir une grosse galette	viel Geld haben	*einen großen Buchweizencrêpe haben*
être ben loadé	betucht sein	*engl.* loaded
avoir du bacon	viel Kohle haben	
s'asseoir sur son steak	seine Schäfchen im Trockenen haben	*sich auf sein Steak setzen*
faire la palette	viel Kohle verdienen	*Palette machen*
être lousse	großzügig sein	
sauver	sparen	*engl.* to save
être ménager / ménagère	sparsam sein	
le minoteux / avaricieux / baise-la-piasse / gratteux / gratin / séraphin	Geizhals	
le safre / tord-la-mèche / serre-la-pogne	Geizkragen	
friper	ausgeben, verschwenden	
chier plus haut que le trou	über seine Verhältnisse leben	*höher als das Loch scheißen*
manger son foin	sein Geld verlieren	*sein Heu essen*
clairer ses dettes	Schulden zahlen	*engl. to clear*

La tomate et le foin

Wer seine Schuldentilgung auf den Sankt-Nimmerleins-Tag verschiebt, dem wirft man folglich vor, «in der Woche mit den vier Donnerstagen zahlen» zu wollen.

engl. to go bust *= pleite machen*

payer dans la semaine des quatre jeudis in der Woche mit den 4 Donnerstagen zahlen
As-tu du change? *Hast du Wechselgeld?* Haste 'mal ne Mark, eh? (die klassische Frage eines Schnorrers)
un mangeur de balôné *Esser der (billigen) Bologna-Wurst* Einer, der sich die Butter aufs Brot kratzen muss
être cassé comme un clou *zerbrochen wie ein Nagel* pleite sein
Il / elle a busté. Er / sie hat pleite gemacht.
avoir le cul sur la paille *den Hintern auf Stroh haben* nicht auf weichen Federn gebettet sein, arm sein
pauvre comme Job *arm wie Hiob* extrem arm, arm wie eine Kirchenmaus
manger de la marde *Scheiße essen* nichts zu beißen haben, sehr arm sein

C'est moé qui chauffe!

Unterwegs

Allein die frankophone Provinz Québec ist mehr als viermal so groß wie die Bundesrepublik. Man wird also aller Wahrscheinlichkeit nach viel unterwegs sein, entweder mit einer der wenigen Bahnlinien, Überlandbussen oder dem eigenen Auto bzw. Mietauto.

le char - rund ums Auto

Ein **internationaler Führerschein** wird oft empfohlen, erforderlich ist er aber keineswegs. Solltet Ihr länger in einer der Provinzen bleiben und ein eigenes Auto zulassen wollen, müsst Ihr sowieso einen neuen Führerschein inclusive Fahrprüfung machen.

Übrigens: Auch die kanadischen Provinzen untereinander erkennen ihre Führerscheine nicht gegenseitig an!

Jede Provinz hat überdies noch ein paar eigene **Verkehrsregeln:**

Außer in Québec gilt in allen Provinzen der sogenannte **«grüne Pfeil»,** d. h. an roten Ampeln darf rechts abgebogen werden.

Trampen und die Mitnahme von Trampern ist außer in Ontario und Alberta ebenfalls überall verboten! Wer sich als autostoppeur an die Straße stellt, kann damit rechnen, von der nächsten vorbeikommenden Polizeistreife (selbst in abgelegenen Gebieten) zur Rede gestellt zu werden. Mitgenommen wird man in der Regel auch nicht, so dass der ganze Aufwand sowieso nicht lohnt.

Es gilt die **0,8-Promille-Grenze** (aber 0,0 Promille für alle unter 22!) und **Gurtpflicht.**

Als typisch nordamerikanische Besonderheit ist zu beachten, dass **kein Rechts-vor-links-Gebot** existiert. Wer zuerst an einer Kreuzung ist, der fährt auch zuerst. Also Vorsicht!

Schulbusse mit eingeschaltetem **Warnblinklicht** dürfen auf keinen Fall überholt werden, ein am Bus ausgeklapptes Stoppschild macht das sehr eindeutig klar. Weniger klar ist allerdings, dass man auch in Gegenrichtung nicht an ihnen vorbeifahren darf!

In Kanada gilt im Gegensatz zu den USA das metrische System, alle **Entfernungs- und Geschwindigkeitsangaben** sind also in Kilometern, die ältere Generation spricht aber noch von Meilen.

Es ist bei Strafe verboten, Müll aus dem Fenster zu werfen. In der Regel beträgt das Bußgeld Can$ 200.

Getankt wird in Litern, der durchschnittliche Benzinverbrauch wird aber in Gallonen angegeben (eine kanadische Gallone entspricht 4,545 l), wobei immer angegeben wird, wie weit man mit einer Gallone kommt und nicht, wie bei uns, wieviel Liter auf 100 Kilometer verbraucht werden.

Als **Höchstgeschwindigkeiten** gelten, soweit nicht anders ausgeschildert:

autoroute	100 km/h (entspricht in etwa der Autobahn)
ville	innerorts 50 km/h, mitunter auch 60km/h

Auf allen anderen Straßen ist Tempo 90 angesagt! Die Devise ist hier, wie auch in allen anderen Bereichen:

Prends ton temps!
Nimm dir Zeit!

Le gaz, das Benzin, gibt es in der Regel in drei Sorten:

or *(Gold)*	ca. 98 Oktan
argent *(Silber)*	ca. 97 Oktan
bronze *(Bronze)*	ca. 95 / 96 Oktan

Der Oktangehalt kann je nach Tankstelle leicht wechseln, or *ist aber in jedem Fall das höchstwertige Benzin.*

Mitunter werben die Tankstellen mit den Worten avec service: Das Auto wird von Tankwarten betankt und oft die Scheiben geputzt. Für das Betanken ist Trinkgeld nicht üblich, für das Scheibenputzen allerdings schon!

C'est moé qui chauffe!

Die Nummern stehen im örtlichen Telefonbuch.	**allô stop**	Mitfahrzentralen, (von denen es einige gibt)
	CAA	der kanad. Automobilclub
	Abk. Canadian Automobile Association	
(jonction)	**JCT**	Verkehrsknotenpunkt, Kreuzung
	le char, la machine, l'auto	Auto
	le truck	LKW
	le motorisé	Wohnmobil, Campmobil
	la minoune	Gebrauchtwagen, Mühle
Zitrone	**un citron**	ein Auto-Fehlkauf, bei dem nichts funktioniert
	un bazou	Kiste, Karre
frz. la brouette	**une barouette**	eine alte Kiste
	(Schubkarre)	
Toaster	**un toaster**	eine Rostlaube
	mener un char	autofahren

la surveillance aérienne: *ein Schild, das an vielen großen Straßen zu finden ist. Allerdings ist es ein offenes Geheimnis, dass die Regierung schon seit Jahren kein Geld mehr hat, um diese zu bezahlen.*

C'est moé qui chauffe!
Ich fahre!

tanker son char	das Auto tanken
peser sur le gaz	auf die Tube drücken
avoir un flat	einen Platten haben
poucer	autostoppen
le pouceur / la pouceuse	Anhalter / -in
le chemin passable	befahrbare Straße
la halte routière	der Rastplatz
la surveillance aérienne	Luftüberwachung

Ein paar Einzelteile:

la bougie	Zündkerze	
le bumper	Stoßstange	
le gear	Getriebe	*engl.* gearing, gear unit
le shield	Windschutzscheibe	*engl.* windshield
la suce	Gaspedal	
la tank	Tank	*Fehlverhalten im Straßenverkehr kostet mindestens 40 Can$!*
un ticket	ein Knöllchen	
obtenir un ticket	ein Knöllchen bekommen	
le bœu *	Bulle, Verkehrspolizist	*frz.* le bœuf

Groß in Mode gekommen und nicht jedermanns Geschmack sind die quatre roues, Wagen mit Allradantrieb, mit denen offroad durch die Wälder gebrettert wird. Sie werden unter dem Begriff VTT (véhicule tout terrain) zusammengefasst. Die Bezeichnung VTT ist nicht zu verwechseln mit Vélo tout terrain für ein Mountainbike!

Radfahrer

... sind Überlebenskünstler. Licht- und Klingelanlagen sind weitestgehend unbekannt. Alle Autofahrer sollten sich also darauf einstellen, dass ihnen im Dunkeln auf der eigenen Straßenseite ein Radfahrer entgegenkommt!

la bicic / la bicycle (frz. la bicyclette)
Fahrrad

Die Bahn spielt als Verkehrsmittel insgesamt eine eher untergeordnete Rolle. Wichtig für Québec ist jedoch die Strecke Québec-Montréal-Ottawa-Toronto-Windsor, die auch regelmäßig befahren wird.

les gros chars - die Bahn

Zur Bahn ist nicht allzuviel zu sagen, da es nur wenige Verbindungen gibt, die zunehmend eingeschränkt werden. Die großen Gesellschaften sind die Canadian National und Canadian Pacific bzw. VIA-Rail im Personenverkehr. Die bekannteste Tour von Halifax bis Vancouver, knappe 6000 Kilometer quer durch Kanada, kann nur noch an einigen Tagen in der Woche gestartet werden.

les autobus - die Busse

Die Strecke Montréal - Québec wird von der Busgesellschaft Orléans betrieben.

Die Busse sind die wichtigsten öffentlichen Verkehrmittel, und so existieren neben den städtischen Buslinien mehrere Gesellschaften, die die Überlandverbindungen bedienen (Greyhound, Voyageur, Acadian Lines). Die wichtigsten Busbahnhöfe in den beiden großen Städten sind der Terminus Voyageur in Montréal und der Gare Intermodale in Québec.

les Traversiers - die Fähren

Die Fähren schaffen die Verbindungen über den St-Lorenz-Strom und zu seinen zahlreichen Inseln sowie zu den Inselprovinzen Île-Du-Prince-Édouard / Prince-Edward-Island und Terre-Neuve / New Foundland (Neufundland). Die größeren Strecken sind meistens gebührenpflichtig.

La politique

Politik

Treffender und kürzer als Josh Freed von der Montréal Gazette es in einer Sonderausgabe der Zeitschrift *L'actualité* ausgedrückt hat, lässt sich Kanada kaum beschreiben:

**En principe,
le Canada est une confédération
de provinces qui partagent un pays,
mais dans les faits,
on dirait plutôt un condominium
où tous les locataires se plaignent
du service, des frais d'entretien
et du chauffage.**

«Theoretisch ist Kanada eine Konföderation von Provinzen, die sich ein und dasselbe Land teilen. Faktisch könnte man Kanada eher mit einem Mehrfamilienhaus vergleichen, in dem sich alle Mieter über den Service, Unterhaltskosten und die Heizung beklagen.»

Zehn Provinzen, drei Territorien, die Queen als Staatsoberhaupt, vertreten durch einen Generalgouverneur, ein eher britisch anmutendes parlamentarisches System mit einem Unter- und einem Oberhaus, zwei Rechtssysteme (das französische *Droit Civil* in Québec, das britische *Common law* im übrigen Kanada), Interessenkonflikte zwischen Indianern, Inuit, frankophonen und anglophonen Kanadiern, unterschiedlichsten Einwanderergruppen, Wirtschaft und Umweltschützern – der gewöhnliche Tourist reibt sich bei all diesen Differenzen nur verwundert die Augen.

Nur gut, dass das zweitgrößte Land der Welt so viele Rückzugsmöglichkeiten bietet.

Unermüdlich wird für die Unabhängigkeit geworben

Souveraineté

Souveraineté ist immer wieder der Schlachtruf der Québécois, die ihre Provinz gerne unabhängig sehen möchten. Das Misstrauen gegenüber der anglophonen Mehrheit ist tief verwurzelt und verstärkt sich in jenen Zeiten, in denen der kanadische Premier aus dem englischsprachigen Teil Kanadas kommt.

In der Zeit der grande noirceur *(große Dunkelheit)* unter dem erzkonservativen Maurice Duplessis (1936-39 und 1944-59) und seiner stark repressiven Politik stand Québec intellektuell still. Erst nach Duplessis' Tod, in den 60er Jahren kam es im Zuge der révolution tranquille zu einer neuen Toleranz, in der auch das künstlerische Leben wieder aufblühen konnte. Diese Rückbesinnung auf die französischsprachige Kultur ließ die Unabhängigkeitsbewegungen neu erstarken, darunter auch terroristische Organisationen wie die FLQ (Front du Libération du Québec; ihre Anhänger sind les felquistes).

Die FLQ beschwor im Oktober 1970 mit der Entführung und Ermordung des Ministers Pierre Laporte eine der größten Krisen Québecs herauf, in deren Verlauf der kanadische Premierminister den Kriegszustand in Québec ausrief.

Mit Réné Lévesque gelangt 1976 ein Vertreter der PQ (parti québécois) an die Spitze der Provinz und 1980 findet ein erstes Referendum über eine Souveraineté-association statt, in dem die Souveränisten eine deutliche Niederlage erleiden (Ja 40 %, Nein 60%).

1982 verweigert Québec die formale Anerkennung der kanadischen Verfassung (und wer Feiern zum Canada day erleben will, der versuche dies tunlichst nicht in Québec) und ist bestrebt, politisch eine Anerkennung als société distincte durchzusetzten.

Im Lake-Meech-Abkommen von 1987 sollte diese «Andersartigkeit» besiegelt werden, doch das Abkommen scheiterte an der Annahmeverweigerung durch die übrigen Provinzen. Das anglophone und das frankophone Kanada waren wohl schlichtweg voneinander entsetzt; die einen über den klar formulierten Bruch mit der Idee einer kanadischen Gesellschaft, die anderen über den Widerstand gegen ihre Andersartigkeit.

Lake-Meech verübelt man dem RDC (reste du Canada) in Québec bis heute. Vielleicht erklärt das den sich verstärkenden Unabhängigkeitswillen, der nun auch durch die Begriffe société unique und société différente charakterisiert

Die ca. 6 000 000 französischsprachigen Kanadier sind die Nachkommen von rund 60 000 französischen Einwanderern und blicken mittlerweile mit Stolz auf ihre Geschichte zurück. Doch das war nicht immer so; das Gefühl der Andersartigkeit, die über Jahrhunderte empfundene Diskriminierung durch die Briten, die englische Sprache und die anglikanische Kirche ist für die echten Québécois immer noch Gegenstand vieler Diskussionen.

wird. Ein zweites Referendum im Jahr 1995 ging äußerst knapp aus: die Unabhängigkeit Québecs wurde mit nur 50,6% abgelehnt und ist ein mehr als deutliches Warnsignal. Und so wird denn auch unermüdlich weiter für die Unabhängigkeit Québecs geworben.

Le Plan Nord

Mit dem 2011 vorgestellten Plan Nord (Nordplan) verfolgt die Regierung ein auf 25 Jahre angelegtes ehrgeiziges und gleichermassen umstrittenes Projekt zur Erschließung der Regionen jenseits des 49. Breitengrades, die ungefähr der doppelten Größe Frankreichs entsprechen.

Mit 80 Milliarden Dollar an Investitionen sollen die Infrastruktur verbessert, nachhaltige Energien gefördert und neue Minen in Betrieb genommen werden. Die Rede ist von 20 000 Arbeitsplätzen, doch es regt sich auch Kritik. Umweltschützer, Anthropologen und Ureinwohner stehen dem in erster Linie wirtschaftlich und auf globale Unternehmen ausgerichteten Projekt unter dem Motto Ne perdons pas le Nord (Lasst uns den Norden nicht verlieren) skeptisch gegenüber. Sie werfen der Regierung unter anderem vor, sowohl internationales Recht als auch die bilateralen Verträge mit den *premières Nations* (den Ureinwohnern) zu brechen; denen steht nämlich eigentlich das Recht an den Bodenschätzen und deren Ausbeutung zu.

Internet und mehr

Das Vokabular für neue Kommunikationstechnologien kommt natürlich aus Frankreich, wird aber recht konsequent französisch ohne allzu viele Anglizismen angewendet, daher eine kleine Übersicht.

l'internaute	Internetsurfer
le courriel	e-mail
naviguer sur internet	im Internet surfen
le cellulaire	Handy
le téléphonie internet	Internettelefonie
ANP (assistant numérique personnel)	PDA
le téléphone intelligent	Smartphone
le mobinaute	mobiler Internetsurfer (via Smartphone)
la géolocalisation	GPS
le cyberespace	Cyberspace
le téléphone satellite	Satellitentelefon

Ein Satellitentelefon ist gerade bei Outdooraktivitäten als Sicherheit zu empfehlen. Geräte können auch gemietet werden.

Die lockere Sprache des Alltags

Hier eine Sammlung umgangssprachlicher, lockerer Ausdrücke.

Überschneidungen mit den anderen Kapiteln ließen sich nicht immer vermeiden.

begrüßen / verabschieden

Die Begrüßung ist eigentlich typisch französisch:

Bonjour! F	Guten Tag!
Salut! F **/ Allô!** F	Hallo!
les bises / bisous F	die obligatorischen Küsschen
le (beau) bis, le bec	Küsschen

Die Küsschen gehören nicht nur zur Begrüßung, sondern selbstverständlich auch zum Abschied dazu.

Wer will, darf natürlich au revoir sagen, gebräuchlicher sind jedoch:

Bye! / Bye-bye!	Tschüß!
Bonjour! / Bonsoir! / Bonne nuit!	Auf Wiedersehen!
À la revoyure!	Auf Wiedersehen!
À tantôt!	Bis bald!
Au plaisir de se revoir!	Es wäre ein Vergnügen, dich / Sie / euch wiederzusehen! *(superhöflich)*
En fais-tu un bout?	Schwingen wir die Hufe? Machen wir uns auf?
On a hâte de vous voir.	Wir können es kaum erwarten, euch zu sehen.

frz. À bientôt!

frz. Est-ce qu'on s'en va?

reden, quatschen, labern

jaser, placoter, placasser	schwätzen, quatschen	
bavasser, faire du baragouinage	labern	
se faire riler les oreilles	zugelabert werden	*engl.* to rile = *ärgern (sich die Ohren ärgern lassen)*
dire des folleries	Blödsinn erzählen	
mémérer, memérer	klatschen	
faire son petit Jean-Lévêque	den großen Max markieren, sich aufspielen, sich wichtig machen	*(Jean Lévêque ist ein frankokanadischer Banker und Finanzier, der im 20. Jahrhundert ein großes Banken-Imperium aufbaute.)*
rechigner, chialer	nörgeln, jammern	
la mémère *(Großmutter)*	Klatschbase	
un joli merle, un bagoulard	Schwätzer	
un écornifleur, une écornifleuse	neugieriger Typ	
un senteur, une senteuse	Schnüffler / -in	
les menteries	Lügen	*frz.* les mensonges

C'est un remarqueux.
Er ist ein Anmerker.
Der gibt überall seinen Senf dazu.

C'est un vrai moulin à scie.
Das ist eine wahre Sägemühle.
Er / sie quatscht, ohne Luft zu holen.
Das ist eine echte Quasselstrippe.

Zustimmen & Ablehnen

Zustimmen

Anmerkung	Québécois	Deutsch
engl. You're welcome.	**Bienvenue.**	Gern geschehen. (Antwort auf «danke»)
engl. oakie doakie!	**Oakie dou!**	Alles klar!
	Beau dommage!	Sicher, klar!
	C'est tiguidou!	Alles klar! Alles in Butter!
	Ça s'adonne!	Aber klar!
	C'est fair.	Das ist o.k.
	C'est correct.	Das ist o.k.
	j'suis correct.	Das ist o.k. für mich.
	C'est fun.	Das ist lustig.
	C'est hot / cool.	Das ist cool.
	C'est full tough.	Das ist voll o.k.
engl. to fit = *passen*	**Ça fite.**	Passt / stimmt genau.
	Ça clique.	Das klappt gut.
(Das ist nicht das Meer zum Trinken.)	**C'est pas la mer à boire.**	Das ist nicht kompliziert.
frz. facile	**C'est full fafa.**	Das ist voll einfach.
frz. Allez, vas-y!	**Envoye!**	Dann mal los ...

Ablehnen

Anmerkung	Québécois	Deutsch
	C'est pas fair.	Das ist nicht o.k.
	C'est plate.	Das ist langweilig / doof.
frz. pas du tout	**Pantoute!**	Ganz und gar nicht!
frz. Ne me dis pas! = *Sag mir nicht!*	**Dis-moi pas!**	Nun sag bloß!
	Ça s'peut pas!	Das ist ja wohl nicht möglich!

C'est une vraie poutine.	Das ist ganz schön kompliziert.	*Das ist ein wahrer Pudding / eine wahre Sauce.*
C'est poche! C'est pourri!	Das ist doof.	
un twit(o)	ein Mistkerl, Idiot	*engl.* twit
T'as pas rapport! Rapport! Pas rapport!	Das ist Quatsch, dummes Zeug!	
T'as pas rap dans le dec!	Du hast nichts gerafft.	(tu n'as pas de rapport dans le décor!)

Tout est petit

Vielleicht liegt es an der Weite und der Größe der Provinz bzw. des ganzen Landes, dass alles nur klein p'tit oder ti erscheint.

So hat man ein p'tit problème, vor allem, wenn es besonders groß ist. Der Ausdruck un peu (ein wenig) wird noch weniger, indem er fast nur als un p'tit peu existiert. Montréal, immerhin eine veritable Millionenmetropole, wird zu p'tit Paris oder gar zu p'tit Chicago. Und den in die Laurentides führenden Zug le p'tit train du nord darf man sich beileibe nicht als kleinen Bummelzug vorstellen.

Man trinkt auch nie viel, sondern nimmt nur einen kleinen Schluck zu sich (prendre un p'tit coup). Hingegen hat der Ausdruck C'est pas de la p'tite bière nichts mit alkoholischen Genüssen zu tun, sondern drückt Bewunderung vor einer außergewöhnlichen Sache aus. Alles klar?!

Ach übrigens ... das Eigenschaftswort grand *wird häufig in Verbindung mit Beleidigungen gebraucht.*

Tabernac!
Schimpfen & Fluchen

Die Grenzen zwischen den einzelnen Begriffen, die zum größten Teil gar nicht übersetzbar sind, sind nur sehr schwer zu ziehen – ein Grund mehr zur Zurückhaltung!

Es versteht sich von selbst, dass bei den Ausdrücken für Beschimpfungen und Flüche allerhöchste Vorsicht geboten ist. Nichts ist peinlicher als im falschen Moment angebrachte umgangssprachliche Flüche.

Insgesamt gilt, dass Männer stärker fluchen (dürfen) als Frauen. Besonders vulgäre Flüche, die mit einem * oder ** gekennzeichnet sind, sind daher für Frauen absolut tabu!

Fast alle Wörter, die hier als Fluch aufgeführt werden, können auch als Ausrufe des Erstaunens verwendet werden. In der Regel folgt dann aber ein Satz wie z. B.

Tabarnac, il est bon au hockey.
Tabernakel, ist der gut im Hockey!

Im kanadischen Französisch treten ausgesprochen viele Schimpfwörter und Flüche auf, die dem kirchlichen Bereich entlehnt sind, was jedoch keineswegs als Blasphemie missverstanden werden sollte.

Dass ein Satz wie ...

Toi, mon gros astis,
tu vas savoir à qui tu as affaire!
Meine dicke Hostie, du wirst schon merken, mit wem du es zu tun hast!

... dagegen eine handfeste Drohung ist, dürfte klar sein. Die folgenden Worte sind also recht universell zu verwenden, und erst aus Situation und Betonung ergibt sich ihre Bedeutung.

Tabernac! ** / Tabarnac! **
nicht übersetzbarer Fluch der schlimmsten Kategorie, oder auch Ausruf des Erstaunens

(Tabernakel)

Tabarouette!
Fluch / Überraschungsausruf, der ähnlich klingt wie tabernac, aber auch für Frauen aussprechbar ist

zusammengesetzt aus tabarnac *und* barouette *(Schubkarre)*

Tabernoche! / Tabernouche!
noch eine Nummer harmloser als tabarouette

Taberslak!
Du meine Güte!

Ostie! * / Astis! *
Scheiße!, auch: Scheißkerl

(Hostie)

Calvaire!
Mist! (Überraschungsausruf)

(Kalvarienstein)

Ciboire!
Mist! (Überraschungsausruf)

(Ciborium = Aufbewahrungsbecher der Hostien)

Calisse! / Câlice!
Scheiße! (Überraschungsausruf)

(Kelch)

Chrisse! * / Christ! *
Jesus! / Scheiße! (Überraschungsausruf)

(Christus)

Baptême!
Verflucht! (Überraschungsausruf)

(Taufe)

C'est un fucking travail = Das ist 'ne Scheiß-Arbeit. Mit dem englischen Adjektiv fucking kann alles „aufgepeppt" werden.

Maudit!
Verflucht noch mal!

Sacre maudit / batême / vierge / yé (dieu) / calisse / ciboire!
Heiliger Strohsack!

Heiliger Simon; zusammengesetzt aus Simon und tabernac

Saint-Simonaque!
Himmel-Arsch-und-Zwirn!

auf Personen bezogen: Ein riesengroßes Arschloch!

zusammengesetzt aus calisse und ciboire

Saint Caliboire!
Grundgütiger Himmel!

C'est de la schnoute!
Das ist Scheiße / Mist!

(Sagt man, wenn man einem hinterhältigen Menschen, dem man nicht so ganz trauen sollte, begegnet.)

C'est un p'tit christ!
Das ist ein kleiner Christ!

Beleidigungen

	un beigne	Idiot / Depp
Schmeißfliege; von frz. merde = Scheiße	**une vraie mouche à marde**	die reinste Klette
	un zozo / tata	Idiot
	un astineux	ewiger Widersprecher
	un pepsi / niaiseux	Idiot
	un crotté	hinterfotziger Typ
Gurke	**un cornichon**	Depp, dämlicher Typ
	un sniqueux	Schnüffler
	une espèce de plorine *	Scheißkerl
	un colon, un pompier	ungehobelter Klotz
Hostie	**un ostie** *	Arschloch

C'est un pied.
Das ist ein Depp / Idiot.

Il fait de chapeau.
Er ist ein bisschen balla balla.

Er macht Hüte. (Der Ausdruck stammt noch aus der Zeit, als Hüte aus Biberfellen gemacht wurden und die Hutmacher während ihrer Arbeit Ammoniak einatmeten.)

super, spitze, affengeil!

Am häufigsten werden hier die als Schimpfwörter bekannten sakralen Begriffe an einen Überraschungsausruf angehängt bzw. davorgesetzt, z. B.:

Chrisse, c'est magnifique!
Christus, wie toll!
Herrgott, wie schön!

C'est vieux en câlice!
Kelch, ist das alt!
Das ist ja irre alt!

Wer aufmerksam zuhört, wird feststellen, dass immer wieder neue Wortverbindungen mit klassischen Wörtern aus dem Sakralbereich kreiert werden, z. B.:

Astis aux bleuets, c'est jolie!
(Blaubeerhostie, ...)
Kruzitürken, wie schön!

Ciboire électrique, c'est super!
(elektrisches Ciborium, ...)
Beim Himmel, wie toll!

Marginal note	Französisch	Deutsch
	Correct![F]	Gut!
Das ist Ketchup!	**C'est ketchup!**	Das ist klasse / super!
	C'est très cela!	Das ist spitze!
	C'est le top!	
	C'est écœurant!	Das ist toll!
Das ist hundeschön!	**C'est beau en chien!**	Das ist echt spitzenmäßig!
	C'est super beau!	Das ist affengeil!

C'est beau / joli / magnifique en chrisse / astis / tabernaque / caliboire / ciboire / calisse!
Das ist oberaffengeil / megageil!

Pech haben

Marginal note	Französisch	Deutsch
engl. bad luck	**être malchanceux, être badlucké**	Pech haben
Er/sie hat keine Scheiße.	**Il / elle n'est pas mardeux / -deuse.**	Er / sie hat wirklich kein Glück.
	Il / elle est passé / passée à côté.	Er / sie hat sein Ziel verfehlt / daneben getroffen.
frz. mécontent	**être malcontent**	unzufrieden sein
	être démonté	enttäuscht sein
in Kompott fallen	**tomber en compote**	ins Unglück rennen
Kartoffeln machen	**faire patate**	Mist bauen
wie eine Blaubeere aussehen	**avoir l'air bleuet**	dumm aus der Wäsche gucken
	s'enfarger	stolpern, fallen

Glück haben

Il / elle est chanceux / -ceuse.
Er / sie hat Glück.

Il est mardeux. Il a de la marde.
Er hat Scheiße.
Er hat Schwein.

Il / elle n'a pas fret aux yeux.
Ihm ist nicht kalt an den Augen.
Er / sie ist mutig. *Auch:* Er / sie ist frech.

être magané - k.o. sein

être claqué	fertig sein
être dans le tapis **être sur le tapis**	fix und fertig sein, in den Seilen hängen
être brûlé	ausgebrannt sein, alle sein

Il / elle a la langue qui traîne à terre.
Ihm schleift die Zunge auf der Erde.
Ihm / ihr hängt die Zunge auf den Boden.

avoir les yeux pochés	kaum die Augen aufbekommen
cogner des clous	einnicken, todmüde sein
être décrisse / frippé	todmüde sein

wie ein alter Lappen sein	**être comme un vieux torchon**	sich ausgelaugt fühlen
sich mit dem Teelöffel aufsammeln lassen	**se faire ramasser à la petite cuillère**	sich zerschlagen fühlen
den Mop haben	**avoir la mope / le mop**	schlecht gelaunt sein

Ça a pris tout mon p'tit change. *(Kleingeld)*
Das hat meine ganze Kraft gekostet.

être chiche - ein Schlitzohr sein

krumme Ideen haben	**avoir des idées croches**	Gaunereien im Kopf haben
Dickschädel	**C'est un tocson.**	Das ist ein Dickschädel / ein harter Brocken.
	un crosseur	Schmeichler
	un licheux / une licheuse	Schleimer / -in
	un têteux	Schmeichler, Schleimer
ein Sirup	**un sirop**	Schlitzohr
	Il / elle est malcommode.	Er / sie ist ganz schön gerissen.

Ärger haben / machen

	la pataraffe	Beleidigung
	écœurer quelqu'un	jemandem auf die Nerven gehen
jemanden gerben	**tanner quelqu'un**	jemanden nerven
	achaler, bardrer, bâdrer	nerven
	achalant	nervtötend

avoir de la misère	Probleme haben	
chicaner	schikanieren, (jmd.) ärgern, auf die Palme bringen	
monter sur ses grands chevaux	sich aufregen	*auf seine großen Pferde steigen*
se parler dans le nez	Klartext reden	
J'suis en crisse.	Ich bin sauer.	*sich in die Nase reden*
J'suis tanné (e).	Ich hab's jetzt über. Ich bin's jetzt leid.	*Ich bin gegerbt.*
prendre la mouche	leicht aufbrausen	*die Fliege nehmen*
prendre les narfs	aufbrausen	*die Nerven nehmen*
monter / grimper dans les rideaux	sich leicht aufregen, aus der Haut fahren	*in die Vorhänge klettern*
se faire barber	sich provozieren lassen	*sich rasieren lassen*
s'enflammer	sich aufregen, den Geduldsfaden verlieren	*sich entzünden*
se mâter	sich aufregen	
être soupe au lait [F]	aufbrausen	*Milchsuppe sein*
être en sacre	wütend sein	*frz.* être en colère
perdre les pédales	die Kontrolle über sich verlieren	*die Pedale verlieren*
être en bibitte	stinkwütend sein	*Mücke sein*
être en fifre	kurz vorm Explodieren sein	*Pfeifer sein*

Cherche-moi pas, j'suis là!
Such mich nicht, ich bin da!
Wenn du Streit haben willst, dann nur zu!

C'est l' enfer!
Das ist die Hölle!

streiten und drohen

Auch dabei gilt: Verstehen geht vor selber ausprobieren! Je nach Situation sollte man sich dann vielleicht besser schleunigst «vom Acker machen».

Hier kann es zur Sache gehen, da es sich nun doch um konkretere verbale Drohgebärden handelt.

crisser / sacrer le camp (frz. foutre le camp)
sich verpissen, sich vom Acker machen

crisser la paix à quelqu'un
jemanden in Frieden lassen

écœurer quelqu'un
jemanden auf die Nerven gehen

niaiser
jemanden ankotzen (bildlich)

J't'ai pas demandé l' heure!
(Ich hab' dich nicht nach der Uhrzeit gefragt!)
Misch dich nicht ein! Das geht dich nichts an!

Louis Joseph Papineau (1786 1871), Politiker und Leiter der Parti Canadien *(Kanadische Partei), wurde bereits mit 29 Jahren Präsident des Parlamentes des damaligen* Bas Canada *(= Unter-Kanada) und initiierte 1837/38 den Aufstand der französischsprachigen Bevölkerung.*

Je n'ai pas la tête de Papineau!
(Ich habe nicht den Kopf von Papineau!)
Ich bin doch nicht allwissend!

Lâche-moi! (frz. Laisse-moi!)
Lass mich in Ruhe! Lass mich!

J'tai de travers dans le cul! *
Ich habe dich umgekehrt im Arsch!
Du gehst mir auf den Sack!

Va prêcher dans ta paroisse!
Geh in deiner Gemeinde predigen!
Erzähl deine Geschichten woanders!

Erst 1867 wurden die Kolonien Ontario, Québec, Nouvelle-Écosse / Nova Scotia und Nouveau-Brunswick / New Brunswick zum Dominion of Canada *erklärt.*

Tchèque tes claques!
Überprüf deine Überschuhe!
Pass bloß auf!

Il / elle a une face à fesser dedans! *
Er / Sie hat eine Visage zum Reinscheißen!
Er / sie hat eine Fresse zum Reinschlagen.

Arrête de me suivre comme une queue de coat!
Folge mir nicht wie ein Mantelschwanz!
Hör auf, so an mir zu kleben!

Und zur Besänftigung kann man sagen:

Pas de chicane dans la cabane!
Kein Ärger in der Hütte!

Schläge bekommen

la poque	Beule	
se faire prendre en sandwich	zwischen den Fronten stehen	*sich zum Sandwich machen*
Il ya du bingo dans l' air.	Da liegt Streit in der Luft.	*Da ist Bingo in der Luft.*
un coup de bélier	ein Schlag nach unten	*ein Widderstoß*
se faire maganer	schlecht behandelt werden	

beim Hosenboden aufgesammelt werden	**se faire ramasser par le fond de culotte**	den Hintern versohlt bekommen
	manger une bonne tape sur la gueule	einen auf die Schnauze bekommen
	se péter la gueule	auf die Schnauze fallen
	se faire péter la fraise	einen Schlag in die Fresse bekommen
eine Sarabande bekommen	**recevoir une sarabande**	eine Tracht Prügel bekommen, die Englein singen hören
	manger une volée	eine Tracht Prügel bekommen
sich die Kerze vorbeibringen lassen	**se faire passer la chandelle**	einen auf die Nase bekommen
gepflanzt werden	**se faire planter**	außer Gefecht gesetzt werden
einen Schlag essen	**manger une claque**	einen Volltreffer abbekommen
	se faire trimer la face	sich die Visage polieren lassen
den Riemen essen (engl. strap = Riemen)	**manger la strappe**	verprügelt werden mit einem Gürtel, einer Peitsche usw.
	poquer, toquer	schlagen, verprügeln
den Hintern klopfen	**taper les foufounes**	den Arsch versohlen
den Wecker ausrichten	**arranger le cadran à quelqu'un ***	jemandem die Fresse polieren
jemandem die Stiefel vorbeibringen	**passer les bottes à quelqu'un**	jemandem in den Arsch treten

La blonde et son chum

Beziehungskisten

Im Liebes- und Sexualbereich gibt es natürlich wie in jeder Sprache unzählige feine und weniger feine Ausdrücke, insbesondere für den weiblichen Part.

Die Kanadier sind ähnlich prüde wie die US-Amerikaner, auch wenn man im Alltag immer wieder auf Widersprüche stoßen mag: Im Bekanntenkreis wird sehr offen über Sex und Verhütung gesprochen. Beliebt sind auch Besuche in Bars mit danseuses nues (Nackttänzerinnen), deren Schilder überall in Québec zu sehen sind.

Auf der anderen Seite sind aber die Kanadier, z. B. in den Umkleidekabinen der Schwimmbäder, meist sehr angestrengt bemüht, sich unter Handtüchern aus- und umzuziehen. Und wer sich nach deutscher Sitte fröhlich nackt unter die Dusche stellt, muss mit leicht pikierten Blicken rechnen.

*Das folgende Vokabular sollte nicht unbedingt selber ausprobiert werden, sondern ist aufgelistet, weil man ihm begegnen könnte. Und verstehen sollte man, was man hört. Völlig vulgäre Ausdrücke sind daher mit einem * oder ** gekennzeichnet. Möchte man doch etwas «mitreden», sollte man aber lieber bei den gängigen und bekannten Ausdrücken bleiben.*

troller, agacer (engl. to trawl)	jmd. anmachen
chanter la pomme *den Apfel singen*	flirten, schöne Augen machen
pogner avec les femmes / hommes	Erfolg bei Frauen / Männern haben
s'ennuyer de quelqu'un	sich nach jemandem sehnen
être bandé sur quelqu'un *	auf jemanden geil sein

Sollte man jemals in eine Sauna gehen, dann immer und unbedingt mit Badehose bzw. Badeanzug, alles andere gilt als verwerflich. Selbst die Gemeinschaftssauna gilt schon fast als pervers.

La blonde et son chum

engl. to fall in love	**tomber en amour**	sich verlieben
engl. to be in love, *frz.* être amoureux	**être en amour**	verliebt sein
	être aux femmes / hommes	auf Frauen / Männer stehen
	être en / aux deux	bisexuell sein

Ausdrücke für «sie»

	la blonde, l' amie de fille	die feste Freundin
	la guidoune	Mädchen, Frau
Puppe	**la catin**	abwertend für „Frau“
	le pétard	hübsches Mädchen
	la minouche	nettes Mädchen
	la belle popaye	steiler Zahn
	le minou	scharfe Braut
	la sainte-nitouche	das Blümchen Rühr-mich-nicht-an
	la toutoune *	hässliches, fettes Weibsstück
	la chipie	Keifliesel
Vier-Taschen-Marie	**la marie quatre poches**	unordentliche Frau
	un beau troufignon *	ein schöner Arsch
	la plotte *	eine, die es mit jedem treibt
frz. aguicheuse	**l' agace-pissette**	Flirtkanone (macht alle an)
	la bonne-à-rienne *	leichtes Mädchen, Nutte
	la pitoune	Nutte
	la fifine	Lesbe

Même les gros chars sont passés dessus. **

Selbst die Eisenbahn war schon über ihr.

Die ist für alle zu haben.

Ausdrücke für «ihn»

le cavalier^F, le faraud	Verehrer	
le chum	fester Freund, Kumpel	
l' ami de garçon	fester Freund	
le bum	ein (netter) Filou	*engl.* bum
un (grand) Jack	großer, gut aussehender Typ	
le bouscaud	kleiner, dicker Mann	
le calin-fillette	Muttersöhnchen	
un père lapin *, **un chaud lapin***	ein Rammler, geiler Bock	*ein heißer Hase*
le pimp	Zuhälter	*engl.* pimp
le pisteux	einer, der gern auf die «Piste» geht, Rumtreiber	
un cowboy	Kamikazefahrer, wilder Autofahrer	
le ponk	Nichtsnutz	
un bardache / fifi *	Schwuler	
une tapette *	Schwuchtel	
manger de l' avoine	Hörner aufgesetzt bekommen (haben)	*Hafer essen*
courir la galipote	den Röcken hinterherrennen	
Il a des belles molsons.	Er ist ein starker Typ.	*Er hat tolle Muskeln.*
switcher la blonde	die Freundin wechseln	*engl.* switch = *wechseln*

Körperliches

Sie hat ...

	une paire de jos	verführerischer Busen
	un beau poitrail	klasse Busen
	le (d)jo	Busen, Titten
	les amusards *	Busen, Brustwarzen
	le magasin	Vorbau
	la foufoune, les foufounes	Po, Hintern
	la vagina F	Vagina, Möse, Fotze
Katze	**la chatte***	
	la noune*, la plotte*, le minou*	

Sie ist wie ein Plywood-Brett gebaut. **Elle est faite comme une planche de Plywood.**
Sie ist flach wie ein Brett.

engl. to shape *= formen* **Elle est bien shapée.**
Sie ist gut ausgestattet von Mutter Natur.

Sie hat eine ganze Tafel / Stoßstange. **Elle a toute une tablette / un bumper.**
Sie hat einen klasse Vorbau.

Er hat ...

	le pénisF**, la bizoune, la dine *, la bitte *la batte *, la pine *, le moine *, la carotte *, la graine ***	Pimmel, Schwanz, Prügel
Sack	**le sac,**	Hoden,
Bälle	**les balles ***	Eier,
	les chenolles *	Sack

faire l'amour

avoir de la mine dans le crayon	allzeit bereit sein, immer können (Männer)	*Mine im Bleistift haben*
faire patate	erfolglos bleiben	*Kartoffeln machen*
perdre sa cerise / fraise	entjungfert werden	*seine Kirsche / Erdbeere verlieren*
faire l' amour[F], **coucher avec quelqu'un**[F]	Liebe machen, zusammen schlafen	

Veux-tu coucher avec moi?[F]
Willst du mit mir schlafen?

baisouiller *,	vögeln,	
prendre une botte *,	bumsen	*einen Stiefel nehmen*
tirer une botte *		*einen Stiefel ziehen*
mener la jument *	bumsen	*die Stute bespringen*
jouer au cul / aux fesses *	Arschficken	*mit dem Arsch spielen*
se pogner le moine *,	sich einen	*den Mönch ergreifen*
tirer une botte à l' oeil *	runterholen	*einen Stiefel zum Auge ziehen*

Die Vokabeln zum Thema **Verhütung** sind dieselben wie in Frankreich. Eine Ausnahme bildet lediglich die sehr gängige Sterilisation des Mannes, über die ganz unbefangen auch in großer Runde gesprochen wird.

la tuque	Kondom	*Pudelmütze*
la vasectomie	Sterilisation	
se faire vasectomiser	sich sterilisieren lassen	

... und die Folgen

Wörtlich	Französisch	Deutsch
sich ergreifen lassen	**se faire pogner** *	geschwängert werden
zur Familie gehen	**partir en famille, se faire attraper** *	schwanger werden
die Wilden erwarten	**attendre les sauvages**	schwanger sein
Neues erwarten	**attendre du nouveau**	ein Kind erwarten
Ballonfrau	**une femme en balloune** *	schwangere Frau, «aufgeblasene» Frau

Die Frankokanadier, traditionell katholisch, haben durchschnittlich mehr Kinder als der anglophone Rest. Das Phänomen der bis in dieses Jahrhundert häufig anzutreffenden Großfamilie mit 12 oder 14 Kindern wurde dann auch vom anglophonen Teil als Kampfansage verstanden: la revanche des berceaux, *die Rache der Wiegen, nannte man dieses Politikum. Heute sind die Familien in der Regel kleiner geworden, aber zwei bis vier Kinder sind durchaus nichts Ungewöhnliches.*

Vor der Geburt gibt es dann un shower, ein Fest, ausgerichtet von Freunden, Bekannten und meist auch dem Arbeitgeber, bei dem die werdende Mutter mit einer Babyerstausstattung ausgerüstet wird.

Il y a du nouveau.
Da ist was Kleines angekommen.

Les sauvages ont passé.
Die «Wilden» waren da
(und haben ein Baby vorbeigebracht).

Auch in Kanada gibt es viele unverheiratete Paare, die zusammen leben. Im Gegensatz zu Deutschland verfügen die unverheirateten Väter jedoch über beträchtliche Rechte. Es ist ebenfalls üblich, im Falle einer Heirat seinen eigenen Namen zu behalten. Die Kinder heißen mal nach dem einen, mal nach dem anderen Elternteil.

les accordailles	Verlobung	
l' accoté(e), l' adopté(e)	der / die Lebenspartner / -in	
la bru	die Schwiegertochter	
défricher	den Familienstammbaum bekanntgeben	
se démarier	sich scheiden lassen	*sich entheiraten*

Ma p'tite poulette - die Kleinen

Kinder sind, wie überall in Nordamerika, unendlich wichtig und gehören zum Leben dazu. Für die Kanadier ist es unvorstellbar, dass ein deutscher Vermieter Familien wegen ihrer Kinder ablehnt. (Derartiges Verhalten kann in Kanada als Diskriminierung gerichtlich geahndet werden).

la bassinette	Wiege, Kinderbett	*engl.* bassinet
le ber	Wiege	*frz.* le berceau
le pissoux, le pissenlit	Bettnässer	*(Löwenzahn: harntreibende Wirkung)*
la poulette: ma p'tite poulette	kleines Mädchen: mein kleines Mädchen	*„mein kleines Hühnchen“*
la tralée / gang / battée / bourrée / potée / grouée	Bande, Kinderschar	
être prime	lebhaft sein	
Les érables coulent.	Die Nase läuft.	*Der Ahornsaft fließt.*
la crique	Milchzahn	
les auripieaux	Mumps	*frz.* les oreillons

	les bronches	Bronchitis
	le bronchite	Bronchitiskranker
frz. Aïe!	**Ayoille!**	Aua! *(Schmerzensschrei)*
	faire la baboune	Schnute ziehen, schmollen
	brailler	heulen, weinen
frz. jouer à cache-cache	**jouer à la cachette**	Verstecken spielen
	faire tata	Winkewinke machen
der „7-Uhr-Mann“ Bonhomme *ist ein feststehender Ausdruck für «Mann», die Bedeutung* bon *(= gut) ist hier völlig verloren gegangen.)*	**le Bonhomme Sept Heures**	der schwarze Mann, Kinderschreck
	la catin	Puppe *(Spielzeug)*
	le casse-tête	das Puzzle
	le marbre / marle	Murmel
	le nanane	Bonbon
frz. la sucette	**le suçon**	Lutscher, Lolli
	être en âge	volljährig sein

die Großen

	la capuche	die Hebamme
	la commère	Patentante
die große Welt	**le grand monde**	die Erwachsenen, die Großen
(Kosename)	**le pépère**[F]	Großväterchen
(Kosename)	**la mémère**[F]	Großmütterchen, im negativen Sinn auch: Klatschbase

Literaturhinweise

Außer einigen wissenschaftlichen Arbeiten sind mir im deutschsprachigen Raum keine Veröffentlichungen zum Québécois bzw. Frankokanadischen bekannt. Am interessantesten erscheinen mir immer noch die folgenden Bücher:

Gaston Dulong: Dictionnaires des canadianismes, ed. Larousse, Québec, 1989.
Das Beste, was es zur Zeit gibt. Rund 8000 Stichwörter, Ergebnis von über 20 Jahren Recherche. Mit Beispielsätzen u. genauen Angaben, was wo gesprochen wird.

Lorenzo Potenzeau: La parlure québécoise, 7. Auflage, Montréal, 1982.
Rund 3000 Stichwörter, aufgelistet nach Situationen. Fehlendes Glossar, daher etwas unübersichtlich. Außerdem werden des öfteren auch im Standardfranzösischen gebräuchliche Wörter und Redewendungen als Québécois identifiziert.

Lionel Meney, Dictionnaire québécois français: pour mieux se comprendre entre francophones, Montréal, 1999.
Rund 9000 Einträge auf knapp 1900 Seiten machen es zu etwas ganz Speziellem.

Müll aus dem Fenster zu werfen, ist verboten

Auf den folgenden Seiten sind fast alle Stichworte aus diesem Buch in alphabetischer Reihenfolge aufgelistet, dahinter angegeben ist die Seitenzahl, auf der das Wort zu finden ist.

A

B

C

D

N

O

P

R

S

U

V / W

Y / Z